中国式现代化研究丛书
张东刚　刘伟　总主编

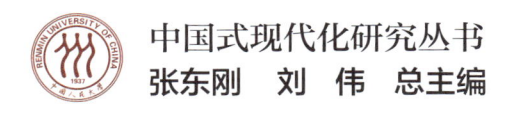

中国现代化进程中的价值选择

郝立新　等　著

中国人民大学出版社
·北京·

图书在版编目（CIP）数据

中国现代化进程中的价值选择 / 郝立新等著.
北京：中国人民大学出版社，2025.1. -- （中国式现代化研究丛书 / 张东刚，刘伟总主编）. -- ISBN 978-7-300-33200-0

Ⅰ.D61

中国国家版本馆CIP数据核字第2024TR0851号

国家出版基金项目
中国式现代化研究丛书
张东刚　刘　伟　总主编
中国现代化进程中的价值选择
郝立新　等　著
Zhongguo Xiandaihua Jincheng zhong de Jiazhi Xuanze

出版发行	中国人民大学出版社		
社　　址	北京中关村大街31号	邮政编码	100080
电　　话	010-62511242（总编室）		010-62511770（质管部）
	010-82501766（邮购部）		010-62514148（门市部）
	010-62511173（发行公司）		010-62515275（盗版举报）
网　　址	http://www.crup.com.cn		
经　　销	新华书店		
印　　刷	涿州市星河印刷有限公司		
开　　本	720 mm×1000 mm　1/16	版　　次	2025年1月第1版
印　　张	15.25　插页3	印　　次	2025年9月第2次印刷
字　　数	168 000	定　　价	85.00元

版权所有　侵权必究　印装差错　负责调换

中国式现代化：
强国建设、民族复兴的必由之路

  历史总是在时代浪潮的涌动中不断前行。只有与历史同步伐、与时代共命运，敢于承担历史责任、勇于承担历史使命，才能赢得光明的未来。2022年10月，习近平总书记在党的二十大报告中庄严宣示："从现在起，中国共产党的中心任务就是团结带领全国各族人民全面建成社会主义现代化强国、实现第二个百年奋斗目标，以中国式现代化全面推进中华民族伟大复兴。"2023年2月，习近平总书记在学习贯彻党的二十大精神研讨班开班式上发表重要讲话进一步强调："概括提出并深入阐述中国式现代化理论，是党的二十大的一个重大理论创新，是科学社会主义的最新重大成果。中国式现代化是我们党领导全国各族人民在长期探索和实践中历经千辛万苦、付出巨大代价取得的重大成果，我们必须倍加珍惜、始终坚持、不断拓展和深化。"习近平总书记围绕以中国式现代化推进中华民族伟大复兴发表的一系列重要讲话，深刻阐述了中国式现代化的一系列重大理论和实践问题，是对中国式现代化理论的极大丰富和发展，具有很强的政治性、理论性、针对性、指导性，对于我们正确理解中国式现代化，全面学习、全面把握、全面落实党的二十大精神，具有十分重要的意义。

现代化是人类社会发展到一定历史阶段的必然产物，是社会基本矛盾运动的必然结果，是人类文明发展进步的显著标志，也是世界各国人民的共同追求。实现现代化是鸦片战争以来中国人民孜孜以求的目标，也是中国社会发展的客观要求。从1840年到1921年的80余年间，无数仁人志士曾为此进行过艰苦卓绝的探索，甚至付出了血的代价，但均未成功。直到中国共产党成立后，中国的现代化才有了先进的领导力量，才找到了正确的前进方向。百余年来，中国共产党团结带领人民进行的一切奋斗都是围绕着实现中华民族伟大复兴这一主题展开的，中国式现代化是党团结带领全国人民实现中华民族伟大复兴的实践形态和基本路径。中国共产党百年奋斗的历史，与实现中华民族伟大复兴的奋斗史是内在统一的，内蕴着中国式现代化的历史逻辑、理论逻辑和实践逻辑。

一个时代有一个时代的主题，一代人有一代人的使命。马克思深刻指出："人们自己创造自己的历史，但是他们并不是随心所欲地创造，并不是在他们自己选定的条件下创造，而是在直接碰到的、既定的、从过去承继下来的条件下创造。"中国式现代化是中国共产党团结带领中国人民一代接着一代长期接续奋斗的结果。在新民主主义革命时期，党团结带领人民浴血奋战、百折不挠，经过北伐战争、土地革命战争、抗日战争、解放战争，推翻帝国主义、封建主义、官僚资本主义三座大山，建立了人民当家作主的新型政治制度，实现了民族独立、人民解放，提出了推进中国式现代化的一系列创造性设想，为实现现代化创造了根本社会条件。在社会主义革命和建设时期，党团结带领人民自力更生、发愤图强，进行社会主义革命，推进社会主义建设，确立社会主义基本制度，完成了中华民族有史以来最广泛而深刻的社会变革，提出并积极推进"四个现代化"的战略目标，建立起独立的比较完整的工业体系和国民经济体系，在实现什么样的现代化、怎样实现现代化的重大问题上作出了宝贵探索，积累了宝贵经验，为现代化建设奠定了根本政治前提和宝贵经验、理论准备、物质基础。在改革开放和社会主义建设新时期，党团结带领人民解放思想、锐意进取，实现了新中国成立以来党的历史上具有深远意义的伟大转折，确立党在社会主义初级阶段的基本路线，坚定不移推进改革开放，开创、坚持、捍卫、发展中国特色社会主义，在深刻总结我国社会主义现代化建设正反两方面经验基础上提出了"中国式现代化"的命题，提出了"建设富强、民主、文明的社会主义现代化国家"的目标，制定了到 21 世纪中叶分三步走、基本实现社会主义现代化的发展战略，让中国大踏步赶上时代，为中国式现代化提供了充满新的活力的体制保证和快速发展的物质条件。进入中国特色社会主义新时代，以习近平同志为核心的党中央团结带领人民自信自强、守正创新，成功推进和拓展了中国式现代化。我们党在认识上不断深化，创立了习近平新时代中国特色社会主义思想，实现了马克思主义中国化时代化新的飞跃，为中国式现代化提供了根本遵循。明确指出中国式现代化是人口规模巨大的现代化、是全体人民共同富裕的现代化、是物质文明和精神文明相协调的现代化、是人与自然和谐共生的现代化、是走和平发展道路的现代化，揭示了中国式现代化的中国特色和科学内涵。在实践基础上形成的中国式现代化，其本质要求是，坚持中国共产党领导，坚持中国特色社会主义，实现高质量发展，发展全过程人民民主，丰富人民精神世界，实现全体人民共同富裕，促进人与自然和谐共生，推动构建人类命运共同体，创造人类文明新形态。习近平总书记强调，在前进道路上，坚持和加强党的全面领导，坚持中国特色社会主义道路，坚持以人民为中心的发展思想，坚持深化改革开放，坚持发扬斗争精神，是全面建设社会主义现代化国家必须牢牢把握的重大原则。中国式现代化理论体系的初步构建，使中国式现代化理论与实践更加清晰、更加科学、更加可感可行。我们党在战略上不断完善，深入实施科教兴国战略、人才强国战略、乡村振兴战略等一系列重大战略，为中国式现代化提供坚实战略支撑。我们党在实践上不断丰富，推进一系列变革性实践、实现一系列突破性进展、取得一系列标志性成果，推动党和国家事业取得历史性成就、发生历史性变革，特别是消除了绝对贫困问题，全面建成小康社会，为中国式现代化提供了更为完善的制度保证、更为坚实的物质基础、更为主动的精神力量。

思想是行动的先导，理论是实践的指南。毛泽东同志深刻指出："自从中国人学会了马克思列宁主义以后，中国人在精神上就由被动转入主动。"中国共产党是为中国人民谋幸福、为中华民族谋复兴的使命型政党，也是由科学社会主义理论武装起来的学习型政党。中国共产党的百年奋斗史，也是马克思主义中国化时代化的历史。正如习近平总书记所指出的："中国共产党为什么能，中国特色社会主义为什么好，归根到底是马克思主义行，是中国化时代化的马克思主义行。"一百多年来，党团结带领人民在中国式现代化道路上推进中华民族伟大复兴，始终以马克思主义为指导，不断实现马克思主义基本原理同中国具体实际和中华优秀传统文化相结合，不断将马克思关于现代社会转型的伟大构想在中国具体化，不断彰显马克思主义现代性思想的时代精神和中华民族的文化性格。可以说，中国式现代化是科学社会主义先进本质与中华优秀传统文化的辩证统一，是根植于中国大地、反映中国人民意愿、适应中国和时代发展进步要求的现代化。中国式现代化理论是中国共产党团结带领人民在百年奋斗历程中的思想理论结晶，揭示了对时代发展规律的真理性认识，涵盖全面建设社会主义现代化强国的指导思想、目标任务、重大原则、领导力量、依靠力量、制度保障、发展道路、发展动力、发展战略、发展步骤、发展方式、发展路径、发展环境、发展机遇以及方法论原则等十分丰富的内容，其中习近平总书记关于中国式现代化的重要论述全面系统地回答了中国式现代化的指导思想、目标任务、基本特征、本质要求、重大原则、发展方向等一系列重大问题，是新时代推进中国式现代化的理论指导和行动指南。

大道之行，壮阔无垠。一百多年来，党团结带领人民百折不挠，砥砺前行，以中国式现代化全面推进中华民族伟大复兴，用几十年时间走过了西方发达国家几百年走过的现代化历程，在经济实力、国防实力、综合国力和国际竞争力等方面均取得巨大成就，国内生产总值稳居世界第二，中华民族伟大复兴展现出灿烂的前景。习近平总书记在庆祝中国共产党成立100周年大会上的讲话中指出："我们坚持和发展中国特色社会主义，推动物质文明、政治文明、精神文明、社会文明、生态文明协调发展，创造了中国式现代化新道路，创造了人类文明新形态。"我们党科学擘画了中国式现代化的蓝图，指明了中国式现代化的性质和方向。党团结带领人民开创和拓展中国式现代化的百年奋斗史，就是全面推进中华民族伟大复兴的历史，也是创造人类文明新形态的历史。伴随着中国人民迎来从站起来、富起来再到强起来的伟大飞跃，我们党推动社会主义物质文明、政治文明、精神文明、社会文明、生态文明协调发展，努力实现中华文明的现代重塑，为实现全体人民共同富裕奠定了坚实的物质基础。中国式现代化是马克思主义中国化时代化的实践场域，深深植根于不断实现创造性转化和创新性发展的中华优秀传统文化，蕴含着独特的世界观、价值观、历史观、文明观、民主观、生态观等，在文明交流互鉴中不断实现综合创新，代表着人类文明进步的发展方向。

从国家蒙辱到国家富强、从人民蒙难到人民安康、从文明蒙尘到文明复兴，体现了近代以来中华民族历经苦难、走向复兴的历史进程，反映了中国社会和人类社会、中华文明和人类文明发展的内在关联和实践逻辑。中国共产党在不同历史时期推进中国式现代化的实践史，激活了中华文明的内生动力，重塑了中华文明的历史主体性，以面向现代化、面向世界、面向未来的思路建设民族的、科学的、大众的社会主义文化，以开阔的世界眼光促进先进文化向文明的实践转化，勾勒了中国共产党百余年来持续塑造人类文明新形态的历史画卷。人类文明新形态是党团结带领人民独立自主地持续探索具有自身特色的革命、建设和改革发展道路的必然结果，是马克思主义现代性思想和世界历史理论同中国具体实际和中华优秀传统文化相结合的产物，是中国共产党百余年来持续推动中国现代化建设实践的结晶。习近平总书记指出："一个国家走向现代化，既要遵循现代化一般规律，更要符合本国实际，具有本国特色。中国式现代化既有各国现代化的共同特征，更有基于自己国情的鲜明特色。"世界上没有放之四海而皆准的现代化标准，我们党领导人民用几十年时间走完了西方发达国家几百年走过的工业化进程，在实践创造中进行文化创造，在世界文明之林中展现了彰显中华文化底蕴的一种文明新形态。这种文明新形态既不同于崇尚资本至上、见物不见人的资本主义文明形态，也不同于苏联东欧传统社会主义的文明模式，是中国共产党对人类文明发展作出的原创性贡献，体现了现代化的中国特色和世界历史发展的统一。

中国式现代化是一项开创性的系统工程，展现了顶层设计与实践探索、战略与策略、守正与创新、效率与公平、活力与秩序、自立自强与对外开放等一系列重大关系。深刻把握这一系列重大关系，要站在真理和道义的制高点上，回答"中华文明向何处去、人类文明向何处去"的重大问题，回答中国之问、世界之问、人民之问、时代之问，不断深化正确理解和大力推进中国式现代化的学理阐释，建构中国自主的知识体系，不断塑造发展新动能新优势，在理论与实践的良性互动中不断推进人类文明新形态和中国式现代化的实践创造。

胸怀千秋伟业，百年只是序章。习近平总书记强调："一个国家、一个民族要振兴，就必须在历史前进的逻辑中前进、在时代发展的潮流中发展。"道路决定命运，旗帜决定方向。今天，我们比历史上任何时期都更接近中华民族伟大复兴的目标，比历史上任何时期都更有信心、有能力实现这个宏伟目标。然而，我们必须清醒地看到，推进中国式现代化，是一项前无古人的开创性事业，必然会遇到各种可以预料和难以预料的风险挑战、艰难险阻甚至惊涛骇浪。因而，坚持运用中国化时代化马克思主义的思想方法和工作方法，坚持目标导向和问题导向相结合，理顺社会主义现代化发展的历史逻辑、理论逻辑、实践逻辑之间的内在关系，全方位、多角度解读中国式现代化从哪来、怎么走、何处去的问题，具有深远的理论价值和重大的现实意义。

作为中国共产党亲手创办的第一所新型正规大学，始终与党同呼吸、共命运，服务党和国家重大战略需要和决策是中国人民大学义不容辞的责任与义务。基于在人文社会科学领域"独树一帜"的学科优势，我们凝聚了一批高水平哲学社会科学研究团队，以习近平新时代中国特色社会主义思想为指导，以中国式现代化的理论与实践为研究对象，组织策划了这套"中国式现代化研究丛书"。"丛书"旨在通过客观深入的解剖，为构建完善中国式现代化体系添砖加瓦，推动更高起点、更高水平、更高层次的改革开放和现代化体系建设，服务于释放更大规模、更加持久、更为广泛的制度红利，激活经济、社会、政治等各个方面良性发展的内生动力，在高质量发展的基础上，促进全面建成社会主义现代化强国和中华民族伟大复兴目标的实现。"丛书"既从宏观上展现了中国式现代化的历史逻辑、理论逻辑和实践逻辑，也从微观上解析了中国社会发展各领域的现代化问题；既深入研究关系中国式现代化和民族复兴的重大问题，又积极探索关系人类前途命运的重大问题；既继承弘扬改革开放和现代化进程中的基本经验，又准确判断中国式现代化的未来发展趋势；既对具有中国特色的国家治理体系和治理能力现代化进行深入总结，又对中国式现代化的未来方向和实现路径提出可行建议。

展望前路，我们要牢牢把握新时代新征程的使命任务，坚持和加强党的全面领导，坚持中国特色社会主义道路，坚持以人民为中心的发展思想，坚持深化改革开放，坚持发扬斗争精神，自信自强、守正创新，踔厉奋发、勇毅前行，在走出一条建设中国特色、世界一流大学的新路上，秉持回答中国之问、彰显中国之理的学术使命，培养堪当民族复兴重任的时代新人，以伟大的历史主动精神为全面建成社会主义现代化强国、实现中华民族伟大复兴作出新的更大贡献！

目 录

1 ▶ **导 论**
多维视野下的中国现代化及其价值选择

第一节 现代化进程的复杂性和道路的多样性 … 4
第二节 中国式现代化道路的辩证特性 … 7
第三节 中国式现代化进程中的价值问题与价值选择 … 12
第四节 本书的基本结构和主要内容 … 17

21 ▶ **第一章**
中国现代化的历史进程与价值选择

第一节 以民族独立解放为价值目标的现代化运动 … 23
第二节 社会主义现代化道路的初步探索 … 31
第三节 新时期现代化征程的推进 … 38
第四节 新时代现代化征程的开启 … 44

53 ▶ **第二章**
以实现人民美好生活为价值目标的现代化

第一节 中国特色社会主义现代化的根本价值目标 … 56
第二节 实现人民美好生活的现实途径 … 82

97 ▶ **第三章**
现代化新征程面临的挑战和价值问题

第一节 正确把握"两个大局"中的价值问题
和解决路径 ⋯ 99

第二节 正确认识现代化进程中的复杂矛盾 ⋯ 107

123 ▶ **第四章**
国家治理体系和治理能力现代化的价值基础

第一节 国家治理体系构建的价值前提 ⋯ 125

第二节 国家治理体系构建的价值原则 ⋯ 132

第三节 国家治理应时代之需做出的价值调整 ⋯ 139

第四节 国家治理的价值选择和衡量标尺 ⋯ 144

第五节 中国国家制度的价值比较优势 ⋯ 149

157 ▶ **第五章**
"五位一体"总体布局中的价值定位

第一节 新发展理念的价值维度 ⋯ 159

第二节 经济建设的价值维度 ⋯ 163

第三节 政治建设的价值维度 ⋯ 169

第四节 文化建设的价值维度 ⋯ 176

第五节 社会建设的价值维度 ⋯ 185

第六节 生态文明建设的价值维度 ⋯ 192

197 ▶ **第六章**
世界历史进程中的民族利益与全人类共同价值

第一节 全球化与现代化 ⋯ 199

第二节　中国现代化的民族性与世界性 … 206
第三节　在现代化进程中构建人类命运共同体 … 212

224 ▶ **参考文献**

230 ▶ **后　记**

导 论

多维视野下的中国现代化及其价值选择

现代化是当今世界各国发展的重要目标和趋势。对一些国家来说，现代化既是历史发生的过程，又是现实进行的运动，也是未来发展的趋势。考察现代化，可以从历史与现实、民族与世界、科学与价值等多种维度或比较视野来思考。如果说现代化运动肇始于18世纪的西欧的话，那么它至今已跨越两个多世纪，扩展到世界多国。在不同的时代或时期，在不同的国家或地区，现代化的内涵和水平是不同的，甚至有很大的区别。从世界范围看，现代化有着一些共同的指向和公认的指标，但是各个民族或国家的现代化又存在不同的发展道路、不同的具体目标。现代化如同其他具体的社会过程一样，具有科学的维度和价值的维度。从科学的维度看，现代化是"一种自然史的过程"[①]，即有其物质基础、内在的规律性，具有与社会形态发展规律相一致的客观性；从价值的维度看，现代化是由一定社会主体（民族或国家）的利益驱动、为实现一定价值目标的社会运动，是一个进行价值认知、价值认同、价值评价、价值选择、价值创造和价值实现的过程。科学维度和价值维度在社会现实中是密切相关的，二者往往互为条件。这本小书旨在从价值及其选择等问题切入，阐释中国现代化进程的历史和现实中面临的种种问题与挑战，以及对它们的现实回应和价值选择；以价值问题为主，但又不局限于价值问题。新时代的中国踏上了现代化的新征程，在全面建成小康社会的基础上，2035年我国将基本实现现代化，2050年前后，我国将建成富强民主文明和谐美丽的社会主义现代化强国。我们应在立足本国国情、吸收借鉴人类文明基础上，把握各种矛盾，应对各种挑战，做出正确抉择。中国特色社会主义的物质文明、政治文

---

① 马克思恩格斯文集：第5卷. 北京：人民出版社，2009：10.

明、精神文明、社会文明、生态文明的协调发展，创造了中国式现代化新道路。党的二十大报告明确强调了中国式现代化的多维性，即它不仅有各国现代化的共同特征，更有基于自己国情的中国特色。认真考察和总结中国现代化的历史进程，研究中国现代化的价值目标、价值理念、价值基础和实现价值目标的现实路径及其选择，日益成为摆在我们面前的重大课题。

第一节　现代化进程的复杂性和道路的多样性

现代化是一个历史性的范畴，也是一个总体性的范畴。现代化既是一个历史过程，又是包含多个层次、多面维度、多种矛盾的复杂结构。现代化是一个内涵丰富且不断变化的概念。各个时期、各个国家对这一概念的理解有所不同，甚至大相径庭。现代化具有多层面，从价值维度看，包含现代化的价值主体、价值理念、价值目标、价值选择、价值实现的路径等等。现代化的概念，以及现代化运动，起源于欧洲。《不列颠百科全书》的解释是：现代化是指"从一个传统的乡村的农业社会转化为一个城市工业社会"[①]。现代化始于18世纪的产业革命，现代工业文化在世界范围内

---

① 不列颠百科全书：第11卷. 修订版. 北京：中国大百科全书出版社，2007：305.

日益普及。"从一开始,现代性便具有两副面孔。一副是能动的、有远见的、进步的,预示着空前的丰富、自由与满足。另一副同样清晰可见的面孔是冷酷无情,暴露出疏远、贫困、犯罪和污染等问题"[1]。《中国大百科全书》对现代化的解释与上述解释大体一致:现代化是从传统农业社会向现代工业社会转型的社会发展过程,发轫于英国工业革命,随后在欧美部分国家蔓延,并在 20 世纪中期使这些国家达到高度发达状态,到 20 世纪 60 年代已经成为广大发展中国家的自觉和核心的发展目标。现代化还表征一种发展状态,即发达国家已经达到的世界先进水平所处的状态,以及发展中国家赶上发达国家后所处的状态[2]。

20 世纪 80 年代美国学者写的《中国的现代化》一书,对现代化的解释较有影响:"我们把现代化视作各社会在科学技术革命的冲击下,业已经历或正在进行的转变过程。""……与现代化有关的社会变革因素,这些因素还经常被视为现代化过程的本质特征甚或界定性因素。它们包括:国际依存的加强,非农业生产尤其是制造业和服务业的相对增长,出生率和死亡率由高向低的转变,持续的经济增长,更加公平的收入分配,各种组织和技能的增长及专门化,官僚科层化,政治参与大众化(无论民主与否),以及各级水平上的教育扩展。"该书作者认为,现代化的指标可简述为:用非生命动力资源和生命动力资源(主要指人力资源)之间的比率来界定现代化的程度。当上述比率达到这样的状态,即人力资源的增长已经变得无法补偿非生命动力资源的减弱,这种社会或国家可以被认为是现代化了,而且这种比率越高,现代化的程度也越高。高度现代化的特征就是

---

[1] 不列颠百科全书:第 11 卷. 修订版. 北京:中国大百科全书出版社,2007:305.
[2] 中国大百科全书:第 24 卷. 北京:中国大百科全书出版社,2009:364.

拥有极为丰富的消费品的大众市场①。

上述有关现代化的界定，主要侧重于社会的经济增长、生产力水平、物质生活的丰裕程度、教育水平等方面，也指出了现代化中存在的一些矛盾和问题，但是忽略了现代化的价值目标和道路等在各国存在着差异或不同。

现代化作为产业革命发生以来的世界性运动，有其历史必然性和一定的共性。无论从历史还是从现实看，生产力或生产方式的发展始终是现代化的重要物质基础。恩格斯在谈到英国工业革命的作用时指出："一经形成的工业推动所带来的结果是无穷无尽的。一个工业部门的前进运动会传播到所有其他的部门。……使用机械辅助手段而获益一旦成为先例，一切工业部门也就渐渐仿效起来；文明程度的提高，这是工业中一切改进的无可争议的结果，文明程度一提高，就产生新的需要、新的生产部门，而这样一来又引起新的改进。"② 伴随着人类物质文明的发展，普遍交往的出现进而世界历史的形成、整个社会文明程度的提高，成为世界现代化运动的重要条件或基本特征。

现代化的内涵规定可以具有某种共同性和抽象性，但是必须看到，现实中的现代化运动往往是受到不同国家的历史条件或具体情况的制约，特别是受到一定社会制度的影响。西方国家现代化的道路是同资本主义生产方式相一致的，是与资本主义制度相联系的。现代化不是自然而然的发展过程，也不是由某个或某些率先开始进入现代化或实现现代化的国家强制

---

① 吉尔伯特·罗兹曼.中国的现代化.国家社会科学基金"比较现代化"课题组，译.南京：江苏人民出版社，1988：4.

② 马克思恩格斯文集：第1卷.北京：人民出版社，2009：102.

推进从而使另一些国家被动参与的过程。发展中国家或经济文化相对落后的国家的现代化，经历了艰难痛苦的探索和选择的过程。现代化虽然有着某些共同性，诸如需要以一定的物质基础、科学技术和现代经济的发展为基础，但是它从来不是只有一种模式、一种价值的抽象的过程或目标，而是包含着不同历史文化因素、不同路径、不同发展理念、不同价值取向的复杂过程。不同社会制度决定了现代化进程中的价值目标及其实现路径是不同的，现代化不等于西方化，现代化的道路不等于资本主义道路。

第二节 中国式现代化道路的辩证特性

中国式现代化道路的探索经历了漫长艰辛的过程。中国革命、建设和改革的各个历史时期，构成了中国现代化进程不同的重要历史阶段。中国共产党领导中国人民取得了新民主主义革命、社会主义革命和建设、改革开放的伟大成就，同时也走出了一条既符合人类文明发展规律又具有中国特色的现代化道路。毛泽东在新中国成立前夕指出，中国现代化的根本途径是工业化，把农业化的国家变成工业化的国家。1954年9月，周恩来在第一届全国人民代表大会第一次会议上所做的《政府工作报告》中首次提出"四个现代化"，并提出了20世纪末建成社会主义现代化强国的目标。

邓小平1979年提出了"中国式现代化",并把小康社会作为现代化的标准。党的十九大提出在2035年基本实现现代化,2050年前后建成富强民主文明和谐美丽的社会主义现代化强国的伟大目标。党的二十大提出了全面建成社会主义现代化强国的目标,并制定"两步走"的战略安排,即从2020年到2035年基本实现社会主义现代化,从2035年到本世纪中叶把我国建成富强民主文明和谐美丽的社会主义现代化强国。

中国式现代化的理论和实践回答了在民族历史不断向世界历史转化和民族同世界相互影响的进程中,以特定民族为主体的社会主义国家为何选择和如何选择一条既符合世界现代化发展一般规律又具有鲜明的民族特色的现代化道路的时代问题。现代化是以生产方式发展为基础的全方位地从传统社会向现代社会转变的世界性运动或进程。如何面向现代化、参与现代化和实现现代化,是科学社会主义实践和理论面临的重要挑战和重大课题。面对相对薄弱的历史发展基础和"一球两制"的世界格局,中国共产党坚持科学社会主义基本原则,坚持在理论和实践中勇于开拓创新,走出一条不同于资本主义发展道路的社会主义现代化道路。中国式现代化理论总结了现代化建设的成功经验,揭示了中国式现代化的本质、基本特征和发展规律,阐明了现代化建设如何体现科学社会主义原则和如何实现科学社会主义的目标。

中国式现代化本质上是社会主义现代化。其根本特征是坚持中国共产党的领导和社会主义基本制度;中国共产党在中国式现代化中起决定作用。这种决定作用表现在:党的领导直接关系中国式现代化的根本方向、前途命运、最终成败;党的领导决定中国式现代化的根本性质;党的领导确保中国式现代化锚定奋斗目标行稳致远;党的领导激发建设中国式现代化的强劲动力；党的领导凝聚建设中国式现代化的磅礴力量。中国式现代化的理论和实践表明，坚持社会主义方向，坚持社会主义基本制度，是现代化建设的政治前提和制度保障。

中国式现代化道路本质上就是中国特色社会主义道路。中国式现代化道路具有如下辩证特点：

首先，中国式现代化道路体现了理论逻辑和历史逻辑的统一。列宁有一句名言：没有革命的理论，就没有革命的运动。中国的社会主义建设和改革实践中，也充满了理论与实践交互作用的辩证法。中国式现代化道路不是从天上掉下来的，它是科学社会主义理论逻辑与中国社会发展历史逻辑相统一的结果。科学社会主义理论不是空想而是科学，它反映了近现代社会发展的历史必然性，科学预测了社会发展的基本趋势和未来愿景。没有这种科学逻辑也就没有自觉的符合历史规律的社会主义现代化运动。中国社会发展为科学社会主义由理论转变为现实提供了土壤。在科学理论与中国实践的有机结合中，科学社会主义理论与中国社会进程彼此都得以发展、进步。科学社会主义理论在中国实践中得到印证、丰富和发展，而中国社会发展因科学理论的指导而取得巨大成就，并减少了发展过程中的曲折和代价，迅速缩短了中国作为发展中国家与世界发达国家在现代化程度上的差距。实现上述理论逻辑和历史逻辑相统一的主体力量是中国共产党及其领导下的中国人民，这两个逻辑相统一的现实基础是中国人民为实现国家富强、民族复兴、人民幸福目标而进行的伟大实践。

其次，中国式现代化道路体现了民族性与世界性的统一。中国式现代化是在中国与世界的互动中展开的，是在经济全球化、现代化进程中推进的，也是在世界错综复杂的矛盾中生存和发展的。中国特色社会主义体现了世界社会主义运动发展的历史必然性和追求正义事业的历史选择性。从世界范围或世界历史进程看，社会主义现代化运动是社会基本矛盾运动的产物，中国式现代化是一条具有民族特色的道路，也是一条具有世界历史意义的道路。中国实践以其特有的方式印证了马克思主义揭示的社会形态发展的必然规律，或者说，在中国特色社会主义发展的特殊性中蕴含了世界历史发展的普遍性。社会主义的现代化是正义的事业，它的旗帜上鲜明地标示着消灭贫困、实现共同富裕。中国式现代化体现了面向世界的开放性和对待世界文明的包容性。在社会主义和资本主义共存的当今世界发展格局中，中国式现代化既不是孤立于人类文明发展大道而"特立独行"的，也不是照搬照抄别国的模式而丧失自己原则和特色的。中国在独立自主探索中国现代化发展道路的过程中，坚持开放，面向世界，学习和借鉴世界文明成果。中国特色社会主义进入新时代，需要继续扩大对外开放，继续学习和借鉴世界文明成果，继续以宽广的世界眼光来观察世界、研究问题。

再次，中国式现代化道路体现了前进性与曲折性的统一。伟大的正义的事业既是不可阻挡的，又是历经坎坷、充满曲折的。这种曲折性既表现在它是长期艰难探索和实践的结果，又表现在它的未来也并非一帆风顺，要继续"进行许多具有新的历史特点的伟大斗争"。中国式现代化所取得的巨大成就，是以长期艰难的探索乃至挫折为代价的。之所以会有这种艰难性，一是由于中国特色社会主义前无古人，没有现成经验或模式可以借鉴；二是由于中国经历了漫长的封建社会，以及近代以后中国人民遭受三座大山的压迫，导致旧中国社会矛盾复杂，经济文化相对落后；三是由于世界社会主义与资本主义的并存与较量，以及各种敌对势力和反动的社会力量的存在与干扰。因此，在看到中国式现代化凯歌行进的同时，要清醒地看到这条道路的长期性、曲折性和复杂性，认识到未来还将经历严峻的挑战，还将经历深刻的社会革命，还将迎来无数次艰巨而伟大的斗争。

最后，中国式现代化道路体现了守正与创新、连续与飞跃、传承与借鉴的统一。中国式现代化道路的"守正"体现在：它坚持马克思主义的指导，遵循社会发展规律，坚守以人民为中心的价值理念；坚持中国共产党的领导，坚守科学社会主义的基本原则。中国特色社会主义是前无古人的伟大创举，是中国人民的伟大创造。正如习近平总书记指出的："当代中国的伟大社会变革，不是简单延续我国历史文化的母版，不是简单套用马克思主义经典作家设想的模板，不是其他国家社会主义实践的再版，也不是国外现代化发展的翻版，不可能找到现成的教科书。"①

在中国式现代化道路的艰辛探索中，中国共产党人始终高举中国特色社会主义伟大旗帜，不忘初心，牢记使命，在理论和实践上都做到了一脉相承，保持了思想、路线、方针、政策的连贯性、一致性。与此同时，中国特色社会主义的理论与实践在探索和创新中呈现出阶段性的飞跃发展。从社会主义市场经济理论的提出和实验到社会主义市场经济体制的确立，从建设小康社会目标的提出到全面建成小康社会目标的确定，从设想基本实现现代化强国的目标到绘制建成富强民主文明和谐美丽的社会主义现代化强国、实现中华民族伟大复兴中国梦的蓝图，从改革开放开启的新时期到继往开来的新时代，中国特色社会主义在向纵深发展，向更高层次迈进。

---

① 习近平. 在哲学社会科学工作座谈会上的讲话. 北京：人民出版社，2016：21.

中国特色社会主义的巨大活力还来自它对中华优秀传统文化的创造性转化、创新性发展和对世界文明成果的借鉴。中华优秀传统文化、革命文化是当代中国社会发展的深厚土壤，是中国特色社会主义的文化之根。任何有长久生命力的社会有机体都是不能离开人类文明发展大道而孤立存在和发展的。当代中国的崛起得益于社会主义先进文化的引领，得益于中华优秀传统文化的滋养，得益于对世界文明成果的学习和吸收。没有继承就没有延续，也就没有创新的基础；同样，没有借鉴也不可能实现真正的创新。

第三节

中国式现代化进程中的价值问题与价值选择

随着现代化进程的推进，当代社会中的价值问题日益凸显。价值的和谐与冲突越来越受到人们的关注，价值观的分歧、认同、构建等话题活跃非凡。无论是在经济层面还是在政治层面，无论是在物质生活领域还是在思想文化领域，无论是在政治生活领域还是在日常生活领域，与"价值"直接相关的概念频频出现。在中国特色社会主义发展进程中，"社会主义核心价值体系""社会主义核心价值观""当代中国价值观念""中国特色社会主义价值观念""中国价值"等概念或观念产生出来并成为主流话语。如果说上面这些概念主要是价值观念的话，那么它们折射出来的是深层次的社会价值或价值关系的问题。社会发展在不同阶段产生或存在的价值问题，既有共同的方面，又有阶段性的特点。从共同的方面看，都存在着价值关系上的矛盾，即价值冲突与价值和谐的问题；都存在着现实层面的价值关系（如各种利益关系）和观念层面的价值认识（如各种价值观）。从阶段性的特点看，在社会发展的不同阶段，由一定社会历史条件制约的价值关系和主体认识都存在着差异，不同社会条件下的价值事实和价值判断具有不同的特点。例如，不同的经济社会发展程度决定或影响着人们需求的不同程度和消费价值观，不同的经济和政治制度或体制决定或影响着不同利益关系的不同格局和价值观念。从历史发展的经验看，健全的社会需要合理的价值关系，需要健康向上的价值观念；需要调适和化解价值关系和价值观念上的冲突或矛盾。中国特色社会主义进入新时代，中国社会的现代化进程同时进入了新的阶段。清醒认识和全面把握当代中国社会发展中的价值问题，对于推进中国特色社会主义现代化建设具有重要意义。

第一，现代价值与传统价值的矛盾。如前所述，现代化是一个历史性的范畴，人们往往对现代化存在着不同的理解。在通常的理解中，现代化是一个过程或趋势，它包含着两个基本的含义：其一，现代化是与近代及以前的传统相区别，在一定程度上超越传统的思想与实践相统一的进程；其二，现代化是以先进的物质文明和精神文明为标志或目标，在经济、政治、文化、社会、生态及其相关制度等方面趋向先进文明的运动。当代中国正在经历现代化的过程。在社会发展过程中，存在着种种价值和价值观的矛盾，存在着对不同价值的认知和选择。中国现代化进程中始终伴随有传统与现代的矛盾。在现代化进程中，人们对现代和传统关系的认识在发生变化，主要表现在对现代价值与传统价值的理解及评价上。以往把传统简单地等同于落后、把现代简单地等同于先进的习惯性思维遭遇现实的挑战。在这种两极对立的思维中，现代是排斥传统的，传统也是拒绝现代的。现代文明是否意味着远离传统文明？现代化是否意味着现代与传统的断裂？回答这些问题所必须确定的前提问题是：我们应该以怎样的价值标准来衡量？依据马克思主义的基本观点，这个前提就是人的自由全面发展和社会全面进步，包括人与人、人与社会、人与自然的和谐发展。中国的现代化进程，既有沉重的"传统包袱"，又有深厚的"传统资源"。这就需要我们辩证地对待传统价值，利用传统价值。我们所需要和主张的现代化应该是现代与传统和解的现代化，是人与人和谐、人与自然和谐的现代化，是有利于人的全面自由发展和社会全面进步的现代化。

第二，全球化进程中"共同价值"的凸显。世界正面临着"百年未有之大变局"。如何认识和处理中国发展与世界文明的关系，是全球化背景下现代化进程中的又一个重要问题。目前，随着全球化进程的深入及拓展，东西方格局和力量对比发生了重大变化，以西方为主导的"东方从属于西方"的逻辑在发生重大变化，中国在世界舞台上的作用在发生重大变化，西方世界以自由主义为主导的贸易原则逻辑在发生重大变化。造成这些"变局"的原因很复杂，概言之，主要有两个方面：一是资本主义内在矛盾变化发展的结果；二是世界社会主义运动包括中国特色社会主义实践发展的结果。面对这一情势，立足解决世界问题的"人类命运共同体"的理念应运而生。这一理念的核心是世界人民的"共同价值"，是世界各国的"价值共识"。"人类命运共同体"理念的主要内涵是：世界各国在全球化浪潮推动下结成相互依存关系，世界各国面对共同的时代难题，采取联合行动，以实现共同利益，增进共同福祉，共享安全空间。相互依存的利益共同体、和而不同的价值共同体、共建共享的安全共同体、同舟共济的行动联合体，应成为世界和平发展的价值目标。因此，构建人类命运共同体的行动目标就是：坚持协商对话，建设一个持久和平的世界；坚持共建共享，建设一个普遍安全的世界；坚持合作共赢，建设一个共同繁荣的世界；坚持交流互鉴，建设一个开放包容的世界；坚持绿色低碳，建设一个清洁美丽的世界。"人类命运共同体"的思想超越了"一赢多输"或"此赢彼输"的零和博弈思维，彰显了合作共赢的中国精神和中国智慧。

第三，社会主要矛盾的价值维度。当社会发展程度不高时，价值问题往往更多地表现为对物质基本需求的渴望；当社会经济文化发展到较高阶段时，价值问题则更多表现为对精神文化需求和社会制度的价值诉求。社会矛盾特别是主要矛盾往往是同社会主体的需要直接相关的，故而又有其主体需要方面或价值的维度。我国社会主要矛盾已经转化为人民日益增长的美好生活需要和不平衡不充分的发展之间的矛盾。解决社会主要矛盾的价值指向，就是要创造和实现人民对美好生活的需要。我国的现代化进程是与解决社会主要矛盾相联系的。一是价值的层次问题。人民对美好生活的需要不是抽象的，而是具体的、有层次的。从主体需要看，基本的安全保障、基本的物质生活和精神文化生活仍然是广大人民群众的重要价值需求。无论何时何地，无论是现代化的哪个阶段，都不能忽视这些基本的或首要的需求。只有这些需求得到满足后，才能提出满足更高更多需求的问题。当然，在社会发展到较高阶段时，就应该及时提供能满足人民更高层次需求的价值对象。二是价值实现的过程问题。任何需要都是历史形成的，也是历史发展的。需要是一个历史范畴，当人们把最先进或最发达的生活水平作为目标追求时，就产生了推动社会进一步发展的内在精神动力。美好生活是需要奋斗才能获得的，美好生活目标的实现也是需要有一个过程的。三是价值实现的条件和途径问题。任何需要的满足或价值的实现，都要具备一定的主体条件和客体条件，都要受到一定社会因素的制约。不能空谈美好生活，要解决实际问题，创造实现美好生活的条件。不平衡不充分发展是制约当前人民美好生活需要的主要瓶颈。解决好不平衡不充分发展的问题，就必须把发展作为第一要务，以人民为中心，解决好发展问题、分配问题、公平问题。

第四，国家制度的价值基础。国家制度的现代化是现代化进程中的重要内容，国家制度的价值基础是需要进一步研究的问题。在社会主义核心价值观的内容中可以看到，富强、民主、文明、和谐，是我们国家制度蕴含的价值目标；自由、平等、公正、法治是我们国家制度的价值原则。中国特色社会主义制度是一个完整的体系。这一制度体系的合理性与先进性的一个重要依据正在于它坚持以合理的、先进的价值为基础，以进步的价值观念为指导。共同富裕，最能体现社会主义制度的价值基础和价值观念。我们既要深入阐明社会主义制度体系是如何以富强、民主、文明、和谐、自由、平等、公正、法治为价值基础的，又要深入研究如何以这些价值观念为指导来进一步坚持、巩固和完善中国特色社会主义制度，进一步构建现代国家治理体系。上面所提到的价值问题涉及现代化进程的方向和道路，值得我们认真思考和对待。

第四节

本书的基本结构和主要内容

中国式现代化的道路和成就不是从天上掉下来的。从一定意义上说，中国式现代化道路是中国共产党带领中国人民把马克思主义基本原理与中国实际相结合，在科学分析中国国情、把握社会发展规律的基础上顺应广大人民群众需要所做出的伟大选择。中国现代化进程既是科学探索的过程，也是价值选择的过程。《中共中央关于制定国民经济和社会发展第十四个五年规划和二〇三五年远景目标的建议》明确提出了下一步基本实现现代化的目标。这些目标集中体现了中国现代化的价值追求。本书试图从历史与现实、科学与价值、民族与世界的关系等角度去解读中国现代化的价值维度，说明中国现代化目标的价值意蕴，阐释现代化进程中的价值理念和价值基础，分析现代化价值目标的实现路径。按照历史与逻辑相统一的原则，书中围绕以下几个专题展开论述：

第一，以中国近代以来的历史发展为基本线索，考察中国现代化的缘起和对现代化道路的艰辛探索。中国现代化最初是以民族独立解放为价值目标的现代化运动。中国革命的胜利和新中国的成立，人民解放和民族独立，为中国现代化奠定了基础。中国革命和建设的道路，是中国共产党带领中国人民顺应历史潮流的伟大选择。新中国成立后，从寻求"适合中国情况"的现代化道路到把"经济文化发展"作为社会矛盾主要方面，代表了现代化道路选择的正确方向。进入改革开放新时期，党和国家回归对"人民群众物质文化需要"的正确认识，提出"面向现代化"的发展理念与"一个中心、两个基本点"的基本路线，标志着中国式现代化道路的选择进入新的历史阶段。中国特色社会主义进入新时代，坚持"以人民为中心"的价值追求，聚焦人民美好生活的价值目标，坚持"五位一体"和五个文明的协调发展，使中国现代化踏上了新征程。

第二，聚焦以实现人民美好生活为价值目标的现代化，分析中国特色社会主义现代化的根本价值目标。从社会的全面进步与人的全面发展、现代化强国的多维价值取向、共同富裕及其实现过程、人的现代化等角度，说明中国现代化的价值目标；围绕实现人民美好生活的现实途径，回答如何以解决社会主要矛盾为抓手，以深化改革为突破口，以解决发展的不平衡不充分问题为重点，坚持以新发展格局为统领。

第三，分析现代化新征程面临的挑战和有关价值冲突问题，论述正确把握"两个大局"中的价值问题和解决路径。分析现代化对于中华民族伟大复兴的战略意义，指出在世界百年未有之大变局中正确认识中国现代化的战略选择；着重分析现代化进程中的复杂矛盾，如现代价值与传统价值的矛盾、人民群众的价值诉求与价值实现的矛盾、民族国家利益与全人类共同价值的矛盾，以及如何正确应对和选择。

第四，聚焦国家治理体系和治理能力现代化的价值基础，分析国家治理体系构建的价值取向。论述国家制度及其公平与正义原则、平等与自由原则，国家和社会治理能力提升的意义；阐释治理能力的构成、发展与评价；说明制度与能力之间的制约与促进，制度建设在现代化进程中的地位和作用，或者制度现代化对整体现代化的推动作用。

第五，考察中国现代化的发展理念，分析"五位一体"总体布局中各方面发展的价值定位。阐释创新发展、协调发展、绿色发展、开放发展、共享发展在现代化进程中的重要意义；分析经济建设、政治建设、文化建设、社会建设和生态文明建设的价值维度，解读"富强""民主""文明""和谐""美丽"中国等价值目标和实现路径。

第六，探讨全球化背景下的全球化、世界历史进程中的民族利益与全人类共同价值的关系。分析"新全球化"背景下中国现代化面临的挑战与机遇，考察现代化进程中的中国与世界、中国现代化的民族性与世界性、中国现代化对中华民族伟大复兴的重大意义、中国现代化对世界历史发展的深刻影响等问题。

中国式现代化及其价值选择问题研究是一个大课题，是一篇大文章。我们在这本小书中难以完成这项重要的工作。我们希望通过对其中一些问题的初步思考，表达我们对中国式现代化的关切，为总结中国式现代化的发展经验做出应有的贡献。

第一章

中国现代化的历史进程与价值选择

近代以后，中国社会陷入了民族危难、国家危亡的艰难境地，努力实现中华民族伟大复兴成为中国人民的共同梦想。在中国人民反抗封建统治和外来侵略的激烈斗争中，无数仁人志士进行了各种尝试，但均以失败告终。中国共产党肩负起了探索中国现代化道路的重任，领导中国人民完成民族独立、人民解放和实现国家富强、人民幸福的历史任务和价值选择。中国共产党团结带领人民取得新民主主义革命、社会主义革命和建设、改革开放和社会主义现代化建设的伟大胜利，开创了中国特色社会主义新时代。中国共产党始终站在时代要求、国家发展、人民期待的高度，发展中国特色社会主义现代化，使中国赶上了时代的步伐，中华民族迎来了从站起来、富起来到强起来的伟大飞跃。

第一节
以民族独立解放为价值目标的现代化运动

一、历史的沉重包袱与现代化的启蒙

在马克思主义中国化的百余年探索中，中华民族经历了从国家蒙辱到国家富强、从人民蒙难到人民安康、从文明蒙尘到文明复兴的历史转变。百余年来，中国共产党团结带领人民砥砺奋进，为把我国建设成为社会主义现代化强国、实现中华民族伟大复兴不断奋斗。17世纪中叶以后，随着

资产阶级革命的爆发，西方许多国家的社会性质发生着急剧的变化，资产阶级革命的成功让这些国家纷纷走上了资本主义的道路。在生产力迅速提高、创造巨大利润的同时，它们开始蚕食世界其他国家的领地和财富，以求获得最直接最快速的资本主义原始积累。作为东方第一大国的中国早已被西方列强虎视眈眈，而当时中国的统治者清王朝尚未察觉到世界的迅速变化，还沉浸在自己的大国美梦之中。英国人用在工业革命中所创造的坚船利炮打开了中国紧闭的国门，让清王朝从美梦中惊醒。在困境之下，清王朝想要挽救自己的统治，想要让自己的帝王梦做得更长更美。但这时已处在了中国两千多年封建社会的末端，它的衰败不仅是由于自身内部的腐朽和衰老，也是由于在不可逆转的世界大势面前没能跟上步伐，已注定要被席卷全球的变革浪潮拍在沙滩之上。

在被世界变革的浪潮裹挟着前进之际，中华民族陷入即将被侵蚀吞没的危难境地之中。中国的边境地区开始不断遭受西方列强的侵略，然而清政府内部早已腐朽不堪，国库空虚，军备不足，在国难当头的时刻，清政府没有肩负起拯救中华民族于危难的使命。但中国人民并没有坐以待毙，而是纷纷展开了反侵略的自救运动：广州三元里的村民为抵抗英军入侵，与英军进行了激烈的战斗；中国人民在中越边境上抵抗法军的侵扰，在台湾新竹与日军进行抗争，在西藏多次与英军展开激烈斗争，山东、直隶等地发起了义和团运动；太平天国运动作为中国封建历史上规模最大的农民起义，也是为了反抗西方列强的侵略、反对清王朝的封建统治，是一场为拯救中华民族于危难之中而兴起的中国人民的自救运动。

为维护清王朝岌岌可危的统治，洋务派发起了一场以学习西方先进科学技术和机器生产为主的洋务运动。然而长期麻痹于"天朝大国"身份中的洋务派很难真正谦虚地向西方国家学习，他们仅是学习其先进的科学技术和机器生产模式，并未深入思考西方进入工业化以至于迅速成长崛起的原因。不过，洋务运动虽说是以通过引进西方的军事装备、机器生产和科学技术来挽救清王朝的统治为目的价值追求，但却是中国近代历史上向现代化迈出的第一步。

在一个接一个的不平等条约签订之后，中国不仅需要支付大量的赔款、割让自己的土地，还遭受着西方资本主义的入侵，这就动摇了原本在中国社会占据主导地位的自给自足的自然经济。面对坚船利炮等武器的侵扰，洋务派选择创办军事企业，如安庆内军械所、江南机器制造总局、轮船招商局等，想要制造出同样的坚船利炮把西方侵略者赶出中国。洋务派的一系列行动使得中国的经济结构开始发生转变，伴随着生产工具和科学技术的不断革新，中国社会中资本主义经济成分的比重显著增加，新的社会生产力开始出现，中国的民族资产阶级力量不断壮大。马克思曾说："随着新生产力的获得，人们改变自己的生产方式，随着生产方式即谋生的方式的改变，人们也就会改变自己的一切社会关系。"[①] 通过大量的雇佣劳动、以营利为目的的商品生产和商品买卖，现代资本主义的生产关系正式在中国出现。中国军事企业、民族资本主义的诞生，使中国社会开始由"传统社会"向"现代社会"转变，中国的现代化进程由此开始。

在西方列强不断侵扰和中华民族陷入危难境地之时，中国的民族工业得到了初步发展，民族资产阶级崭露头角，登上了历史舞台，迎来了短暂的"黄金时期"，这在一定程度上阻碍了西方资本主义的经济侵略。但洋

---

① 马克思恩格斯文集：第1卷. 北京：人民出版社，2009：602.

务派以地主阶级为主,采用"官督商办"和"官商合办"等形式利用私人资本举办新式工矿企业,这在一定程度上限制、阻碍了民族资本主义的进一步发展。中日甲午战争中清政府的惨败和《马关条约》的签订,宣告了洋务运动的失败。这让中国的仁人志士意识到,仅靠科学技术和器物方面的改革,并不能改变中国落后挨打的局面。中国各界各组织又不断兴起新的改革运动。民族资产阶级的队伍不断壮大,他们开始要求获得更多权利,想要在中国实行真正的民主政治,想要从思想上得到真正的解放和发展。此时,西方各类政治制度吸引了国人的目光,不少人认为不仅要从器物上提升自身的实力,更应当顺应时代潮流,建立资本主义的政治制度,想要依靠改良政治制度来改变中国当时困顿煎熬的局面。首先开始进行改革的是资产阶级维新派的戊戌变法,其所追求的价值目标是在保留清王朝统治的前提下实行资本主义制度,建立君主立宪制。但新生的资产阶级尚处在力量单薄弱小的状态之中,无法与根植于中国封建历史中两百多年的清王朝抗衡,其主张也并不符合国人所希冀的实现民族独立解放的价值追求。仅在短短的103天后,戊戌变法以"戊戌六君子"的惨烈牺牲宣告失败。变法失败后,中国的仁人志士再次转变思路,以寻求新的变革之路,同时转变的还有其对清王朝的态度。清政府落后腐朽的统治让中国社会无法融入全球急速发展的大趋势,已经不能适应现代化的发展之路,使得中国成为半殖民地半封建社会,因此人们把矛头直指封建主义的君主专制制度。

二、追赶现代化的艰辛探索

在清政府的腐败统治和西方资本主义列强不断侵略的双重压力下,中国的民族危机进一步加深。尽管洋务运动、义和团运动、戊戌变法等一系列变革均以失败告终,但是中国人民并没有被打倒,只要中华民族的伟大复兴没有实现,就会有更多的中国人以更加拼搏的精神、更加昂扬的姿态去积极寻求救国救民的道路。西方资本主义列强在对中国进行经济侵略的同时,也向中国输入了它们的思想文化和政治制度等观念。随着西方政治思想在中国的进一步传播,有一群人看到了新的救国曙光。

以孙中山为首的革命党人成立中国同盟会,发动了举世震惊的辛亥革命。孙中山积极宣扬"三民主义",主张建立民主共和制度,鼓动全国各族人民加入武装起义的队伍。在经过武昌起义等一系列武装起义后,清朝各地纷纷宣布独立,共同推举孙中山为中华民国临时大总统,1912年1月1日,中华民国临时政府成立,2月12日,清帝被迫宣告退位,结束了清王朝的统治。以孙中山为首的资产阶级革命派所建立的中华民国,结束了统治中国两千多年的君主专制制度。政治制度的改变让中国的政治体制现代化实现了巨大的突破,以资产阶级革命和民主共和思想实现中国的现代化发展,中国的现代化脚步逐渐加快。"辛亥革命极大促进了中华民族的思想解放,传播了民主共和的理念,打开了中国进步潮流的闸门,撼动了反动统治秩序的根基,在中华大地上建立起亚洲第一个共和制国家,以巨大的震撼力和深刻的影响力推动了中国社会变革,为实现中华民族伟大复兴探索了道路。"①

随着科学技术的发展和政治制度的革新,中国的现代化进程有了长足的进步。当人们以为中国已经迎来新阶段的时候,孙中山宣布辞去临时大

---

① 习近平. 在纪念辛亥革命110周年大会上的讲话. 人民日报,2021-10-10(2).

总统，袁世凯继任临时大总统，之后更宣布称帝。袁世凯的复辟再次打破了国人的美好希冀，曾以为中国已经彻底变革，实现了中华民族自由解放的价值目标，迎来了全新的时代和制度，哪知道换来的却是袁世凯称帝的消息。这并不是中国人民想要实现的价值目标，中国人民的民族解放并未得到真正的实现。辛亥革命之后，军阀混战割据之势愈演愈烈，极大地阻碍了民族资本主义的发展，更不利于中华民族的团结和谐。袁世凯的复辟使得中国先进的知识分子意识到，传统封建思想仍然占据重要地位，想要从根本上扭转局面，就需要在思想上进行彻底的革命。资本主义思想在中国大地传播的同时，马克思主义思想也悄然传入，影响了众多中国的青年。《新青年》这本印有"民主"和"科学"等新文化新思潮的杂志已经在青年学生中受到广泛关注，一股新的思想解放潮流正逐渐蔓延。

新文化运动的爆发，让中国的仁人志士意识到，必须彻底改变中国的封建传统思想，培养与社会变革相适应的现代化的人，从思想上引导人们走向现代化。而想要实现人的现代化，即人的解放和发展，就必须使人的思想价值观念、行为方式、生活方式等多方面向现代转变发展。人发现了自己作为人的价值，也就是人解放成为独立自由和富有创造性的人，就会在转变的过程中产生出巨大的动力，以追求自身的价值目标。人的现代化是社会现代化的内在动力，也是实现社会现代化的内在条件。

1915年北洋政府选择妥协，与日本签订"二十一条"。在第一次世界大战结束之后，中国作为战胜国应当从帝国主义的手中收回自己应有的土地和主权。然而帝国主义列强并没有把北洋政府统治的中国放在眼里，决定把德国在山东的权益转给日本。中国在巴黎和会上的外交失败，使中国的青年们无法再忍耐，纷纷走上街头摇旗呐喊，宣示中国的主权，救国救民的热情在此刻被青年人的鲜血点燃。1919年5月4日，五四运动爆发，一场以青年人为主导的爱国运动拉开序幕。"五四运动，以彻底反帝反封建的革命性、追求救国强国真理的进步性、各族各界群众积极参与的广泛性，推动了中国社会进步……在近代以来中华民族追求民族独立和发展进步的历史进程中具有里程碑意义。"①

新文化运动和五四运动带给当时的中国人民的思想震动，以及留给后人的启示，是远胜于之前的任何一次社会变革和政治运动的。那是因为，它们表达了这样一个观点：想要在世界发展大势中站稳脚跟，需要不断地追寻新思想的发展，通过真正的经济变化和政治变革以迎接中国新的面貌。而最重要的就是改造国人的思想文化素质，改变国人的价值追求，从思想上进行彻底的变革，用民主和科学的新思想取代封建顽固的旧思想。只有从思想上进行一场彻底的启蒙运动，才可以让整个国家的精神面貌焕然一新，才可以彻底摆脱封建残余对中国进一步的侵蚀和剥削。在此基础上，中国社会从思想文化上实现了现代化的转变。这也为马克思主义在中国的传播创造了条件，为中国共产党的诞生做了充足的思想准备。

三、现代化基础的奠定

中国的现代化道路在起步时走得格外艰辛，中国人民为了挽救自己的祖国、拯救自己的民族，想要摆脱列强对中国的侵略和压制。中华儿女都在为了救国救民的历史使命贡献自己的力量。一部分人肯定封建制度，企图通过对清政府的内部改良扭转局面；一部分人否定封建制度，主张走西

---

① 习近平. 在纪念五四运动100周年大会上的讲话. 人民日报，2019-05-01（2）.

方国家的资本主义道路；而还有一部分人，正因选择何种政治制度而犹豫徘徊，这时俄国十月革命胜利的消息传到了中国，为这群人提供了新的思路和方向，并对中国社会未来的发展产生了巨大且深远的影响。

在俄国十月革命胜利之前，社会主义思想已经开始在中国传播，但作为一种新思想新制度，社会主义尚没有实践支撑，似乎没有已经在西方国家开花结果的资本主义制度更有说服力。而作为与中国具有相似国情的俄国，在社会主义制度的理论支撑下，从内外交困、封建落后的农奴制社会直接转变为了社会主义社会，成功地把理论知识运用到实践中，开辟了一种新型的政治制度。十月革命的胜利给中国先进知识分子带来了新的思路和指导方向，为还在积极寻求救国之路的人们找到了新的方向，于是他们不再挣扎于资本主义生产资料和生产形式、三权分立以及民主共和等问题，转而信仰马克思主义，通过向俄国学习寻找新的出路。

"十月革命一声炮响，给我们送来了马克思列宁主义。十月革命帮助了全世界的也帮助了中国的先进分子，用无产阶级的宇宙观作为观察国家命运的工具，重新考虑自己的问题。"[①] 十月革命促进了中国人民的觉醒，马克思主义在中国的传播让中国的工人阶级也加入了这场变革。1921年，中国共产党在这种境况下应运而生，中国共产党一经诞生，就把为中国人民谋幸福、为中华民族谋复兴确立为自己的初心使命。中国共产党的诞生不仅改变了中华民族发展的方向和进程，影响了中国人民和中华民族的前途和命运，更对世界局势的变化产生了重大的影响。经过北伐战争、土地革命战争、抗日战争、解放战争，中国共产党和中国人民进行 28 年的浴

---

① 毛泽东选集：第 4 卷.2 版.北京：人民出版社，1991：1471.

血奋战,终于推翻了压在中国人民身上的三座大山,打败了国内外一切反动势力,取得了新民主主义革命的胜利。中国共产党团结带领中国人民走上了独立自主的民族解放之路,开启了中华民族发展进步的历史新纪元。这是中国共产党在与中国人民具有相同的价值选择的情况下,与中国人民共同努力、团结一致取得的伟大胜利。毛泽东创立新民主主义理论,成功指导中国新民主主义革命取得胜利,并且正确回答、解决了中国这样一个经济、文化落后的农业国在民主革命胜利后如何进行现代化建设的一系列根本性问题,确定了中国社会主义现代化的方向和道路,中国的现代化之路由此正式开启。

第二节
社会主义现代化道路的初步探索

一、寻求"适合中国情况"的现代化发展道路

新中国成立前夕,中国共产党已经意识到,当前的任务已经从寻找救国救民的道路转变为发展生产力。新中国成立后,如何选择现代化模式,是中国共产党必须解决的首要问题。

毛泽东所提出的新民主主义革命纲领,就是符合当时中国发展需要的

现代化纲领，这个纲领回答、解决了中国现代化的一个最根本的问题：中国走向现代化的最根本的前提条件是什么？即通过武装革命彻底推翻封建主义、帝国主义和官僚资本主义三座大山，通过彻底的变革把阻碍生产力发展的一切障碍扫清。这个纲领提出的现代化目标，是包括经济现代化、政治现代化和文化现代化在内的全面的目标。中国共产党团结带领人民，浴血奋战、百折不挠，经过北伐战争、土地革命战争、抗日战争、解放战争，推翻帝国主义、封建主义、官僚资本主义三座大山，建立了人民当家作主的中华人民共和国，实现了民族独立、人民解放，为实现现代化创造了根本社会条件。新民主主义革命胜利后，毛泽东把现代化建设概括为建设新民主主义政治、新民主主义经济和新民主主义文化三个方面，构建了中国现代化建设的基本布局。此后的中国社会主义现代化建设，不仅延续其基本布局，也延续了其实质内容。

新民主主义理论第一次科学地揭示了中国现代化的根本途径，通过实行工业化，把中国从传统农业国转变为先进工业国。毛泽东提出了工业化的标准：工业必须是社会的主要经济基础，社会的进步将主要依靠工业的发展[①]。一个农业国要成为一个工业国，就必须解决农业的现代化问题。为了解决关于土地所有制的关系问题，从根本上改变束缚农村生产力发展的生产关系，毛泽东提出了一系列正确的思想、政策主张。不仅如此，毛泽东还提出了农业"社会化"和"科学化"的思路，此后，中国的农业发展也始终遵循着这样一个基本思路。

在20世纪，一部分选择社会主义制度的较为落后的东方国家，在追

---

① 毛泽东文集：第3卷．北京：人民出版社，1996：183-184．

赶世界现代化潮流的时候，遭遇了民粹主义思潮的危害。民粹主义主张，建立社会主义制度应该学习苏联的发展模式，直接由封建经济发展到社会主义，不需要资本主义作为中间的过渡阶段；同时主张，农业社会主义也要求不经过工业化的阶段。直到新中国成立前夕，在制定《共同纲领》的时候，中国共产党内部仍然有一小部分人提出，要直接进入社会主义阶段。毛泽东对民粹主义思想进行了批判，并且提出应当发展和利用资本主义的思想。这对于中国共产党和中国人民的思想认识避免陷入民粹主义的陷阱，对于中国现代化建设避免严重的、超越阶段的历史性错误，都产生了十分重要的作用和影响。这也让中国共产党和中国人民在新的历史时期，对于如何开创中国特色社会主义、如何继承和发展社会主义等产生了新的认识，对于什么是社会主义、怎样建设社会主义这一根本问题的思想认识等产生了重大突破。中国共产党之所以能够在历史转折中很快开辟出一条中国特色社会主义道路，与在借鉴和利用资本主义问题上的思想认识突破是分不开的。

毛泽东在1949年党的七届二中全会上的报告中提出"迅速地恢复和发展生产……使中国稳步地由农业国转变为工业国"[①]的现代化任务的要求。通过10年到15年时间发展新民主主义经济，推进工业化进程，完成由农业国向工业国的转变，并在此基础上过渡到社会主义。毛泽东看到了西方工业化这一生产目标的重要性，同时实现中国现代化的价值目标也十分重要，且需要在两者结合的基础上得以实现。1955年毛泽东在《关于农业合作化问题》中强调："我们现在不但正在进行关于社会制度方面的由

---

① 毛泽东选集：第4卷.2版.北京：人民出版社，1991：1437.

私有制到公有制的革命，而且正在进行技术方面的由手工业生产到大规模现代化机器生产的革命，而这两种革命是结合在一起的……决不可以只强调一方面，减弱另一方面。"[1] 现代化模式的选择不是简单的西方工业化，应当是"社会主义工业化""社会主义现代化"。1953年中国共产党提出了过渡时期总路线，且采取了切实可行的措施。由此确立了新中国现代化模式的社会主义基本导向。

新中国刚刚成立时，中国在现代化的道路上是没有经验的。且因受到国内外诸多因素的影响，中国的现代化采取了非均衡发展的赶超战略：以生产资料公有制和计划经济为基础，以提高内部积累并加速重工业的发展为中心。以单一公有制结构和高度集权的方式为特点的社会主义计划经济模式，即苏联模式，成为中国学习借鉴的对象，这为中国的社会主义现代化奠定了基础。在该种模式的发展中，现代化的主导者和推动者是中央政府，它是配置社会资源的唯一主体，其优点在于能有效地动员全社会参与，从而在较短时间内使某些产业部门获得飞跃性的增长，其缺点是严重忽视了市场机制的作用，经济效益低下，不利于长期的经济发展。随着社会主义改造的基本完成，苏联模式的弊端逐渐暴露，已经不能适应中国的现代化发展要求，此时此刻中国共产党迫切需要找到一条适合中国国情的社会主义现代化之路。

毛泽东为中国的现代化发展做了积极探索，进行了大规模的调查。1956年4月25日，毛泽东在中央政治局扩大会议上做《论十大关系》的报告，深刻分析了中国所面临的发展环境，指出了苏联模式的弊端和

---

[1] 毛泽东文集：第6卷. 北京：人民出版社，1999：432.

不足，并提出中国不能简单地照搬苏联模式，而应当以他国的经验教训为鉴戒，善于总结中国已有的经验，发动人民群众，积极探索出一条属于中国自己的社会主义现代化道路。毛泽东在《论十大关系》中明确指出："必须有分析有批判地学，不能盲目地学，不能一切照抄，机械搬用。他们的短处、缺点，当然不要学。""对于苏联和其他社会主义国家的经验，也应当采取这样的态度。"① 随着中国社会主义制度的建立，中国共产党的中心任务已经发生了重大改变，当前阶段的主要任务是保护和发展生产力，毛泽东强调应调动国内外一切积极因素以为社会主义事业服务。

新中国逐步建立健全国民经济计划管理的组织机构，计划经济体制初步形成。三大改造完成之后，社会主义公有制在中国的经济成分中占据了绝对的地位，以集中统一管理为基本特征的计划经济运行机制得以进一步完善和加强。

二、从人民群众对"经济文化发展"的需要出发抓住社会主要矛盾

1956年召开的党的八大，明确提出了"把我国从落后的农业国变为先进的工业国""把我们的国家建设成为一个伟大的社会主义国家"② 的主要任务和总任务。会议通过的党章把实现"四个现代化"写进了总纲。但是在发展现代化的过程中，党内出现了严重的"左"倾错误，"大跃进"

---

① 毛泽东文集：第7卷. 北京：人民出版社，1999：41.
② 中共中央文献研究室. 建国以来重要文献选编：第9册. 北京：中央文献出版社，1994：341，355.

和人民公社化运动造成国民经济比例的严重失调。1958年中共八大二次会议提出，中国要在15年或更短的时间内，在钢铁和其他主要工业产品产量方面赶上和超过英国。号召大家要破除迷信，解放思想，发扬敢想敢干的精神。在此之后，全国各地掀起了"大跃进"的高潮。1963年9月的中央工作会议，在制定国民经济长远规划时，根据毛泽东的意见提出了"两步走"的设想：第一步，建立一个独立的、比较完整的工业体系和国民经济体系，使我国工业大体接近世界先进水平；第二步，全面实现农业、工业、国防和科学技术的现代化，使我国经济走在世界的前列。

毛泽东认为，生产力的发展要通过变革生产关系来实现，发展生产力必须在坚持自力更生的基础上向外国学习。1964年底，三届全国人大一次会议明确提出"四个现代化"伟大目标，但"文化大革命"让这一设想严重受挫。直至1975年，四届全国人大一次会议重申了"四个现代化"的目标：要使我国的国民经济走在世界的前列。1977年，党的十一大将"四个现代化"的目标再次写入党章。"四个现代化"目标的提出，对中国现代化建设和中华民族伟大复兴产生了深远的影响。

中国共产党团结带领人民进行社会主义革命，消灭在中国延续几千年的封建制度，确立社会主义基本制度，实现了中华民族有史以来最为广泛而深刻的社会变革，建立起独立的比较完整的工业体系和国民经济体系，社会主义革命和建设取得了独创性理论成果和巨大成就，为现代化建设奠定根本政治前提和宝贵经验、理论准备、物质基础。随着社会主义改造的完成和社会主义制度的建立，中国共产党认为，国内的主要矛盾已经不再是无产阶级和资产阶级之间的矛盾，而是转变为人民对于经济文化迅速发展的需要同当前经济文化不能满足人民需要的状况之间的矛盾。党的八大关于政治报告的决议中指出:"我们国内的主要矛盾,已经是人民对于建立先进的工业国的要求同落后的农业国的现实之间的矛盾,已经是人民对于经济文化迅速发展的需要同当前经济文化不能满足人民需要的状况之间的矛盾。"[1] 这是中国共产党在我国进入社会主义建设和发展阶段后对社会主要矛盾做出的首次判断,这个判断是符合当时国情的,抓住了当时中国社会诸多矛盾中起着领导和决定作用的最主要的矛盾,并以解决这个主要矛盾为抓手大力推进国家经济和文化建设,大力发展生产力,取得了辉煌成就。这个判断对形成以发展生产力为重点、聚焦提高人民生活水平的发展思路和国家建设战略具有深远的历史影响,也为之后的社会主义现代化建设重回正轨奠定了思想基础。

"文化大革命"期间,由于对当时中国阶级形势以及党和国家政治状况进行了完全错误的估计,把无产阶级与资产阶级之间的阶级矛盾作为社会的主要矛盾,这并不符合中国国情的实际需要,并且给党和人民,以及国民经济发展都带来了严重的灾难。当时中国共产党虽然在思想上认识到了现代化,但较为缺乏实践经验,甚至出现了错误估计。从本质上看,新中国成立初期主要依靠计划经济体制进行中国现代化建设。

---

[1] 中共中央文献研究室. 建国以来重要文献选编: 第 9 册. 北京: 中央文献出版社, 1994: 341.

第三节 新时期现代化征程的推进

一、关于对"人民群众物质文化需要"的正确认识

中国共产党在从实现工业化到走向实现"四个现代化"的过程中，不仅探索了现代化的实践，而且进一步将实践的探索上升为现代化理论的探索，这是一个艰辛探索的曲折过程。中国不仅经历了从"一化"发展到"四化"的整体探索过程，更经历了从"现代化"到社会主义现代化的探索过程。其深刻指明了中国的现代化是社会主义现代化，这既不是对其他国家社会主义实践的复刻，也不是对西方现代化发展的亦步亦趋。尽管在这段时期，中国共产党在社会主义现代化的探索道路上出现了偏差——高度集中的计划经济体制的建立、"大跃进"和人民公社化运动的开展、赶超发达资本主义国家的盲目性等，导致中国社会主义现代化建设的进程遭受了严重的挫折——但这些都属于中国共产党从实现工业化到走向实现"四个现代化"的探索和拓展过程，为中国社会主义现代化建设提供了宝贵的经验，为改革开放进程中的现代化提供了重要的理论依据。

以1978年12月党的十一届三中全会为鲜明标志，中国跨入改革开放

新的伟大历史时期。习近平在庆祝中国共产党成立 100 周年大会上的讲话中指出，改革开放"实现了从高度集中的计划经济体制到充满活力的社会主义市场经济体制、从封闭半封闭到全方位开放的历史性转变"[①]。中国社会治理现代化建设也步入了新的发展阶段。在这一历史时期，中国社会以改革开放为动力，通过解放和发展社会生产力，改善人民生活和促进社会全面进步，以发展社会主义市场经济、推进全方位扩大对外开放为目标取向，重视发挥市场和社会作用，让全社会的积极性和创造性活跃起来。这为实现中华民族的伟大复兴提供了切实的制度保障和充足的物质条件。

1981 年党的十一届六中全会通过的《中国共产党中央委员会关于建国以来党的若干历史问题的决议》指出："在社会主义改造基本完成以后，我国所要解决的主要矛盾，是人民日益增长的物质文化需要同落后的社会生产之间的矛盾。"[②] 这为当时实现党的工作中心的转移——从"以阶级斗争为纲"转到以经济建设为中心，并为初步开辟中国特色社会主义的全新事业提供了重要的理论依据。中国共产党开启了改革开放的新航程，并广泛调动和充分激发了人民群众的积极性、主动性、创造性。

1987 年党的十三大报告第一次系统地阐明了社会主义初级阶段理论，并把社会主义初级阶段的主要矛盾表述为："我们在现阶段所面临的主要矛盾，是人民日益增长的物质文化需要同落后的社会生产之间的矛盾。阶级斗争在一定范围内还会长期存在，但已经不是主要矛盾。"[③] 此后至党的十九大之前的历次党代会报告关于社会主要矛盾的判断和表述基本未变。

---

① 习近平. 在庆祝中国共产党成立 100 周年大会上的讲话. 北京：人民出版社，2021：6.
② 中共中央文献研究室. 三中全会以来重要文献选编. 北京：人民出版社，1982：839.
③ 中国共产党第十三次全国代表大会文件汇编. 北京：人民出版社，1987：12.

二、"面向现代化"的发展理念与"一个中心、两个基本点"的基本路线

改革开放和社会主义现代化建设新时期，中国共产党作出把党和国家工作中心转移到经济建设上来、实行改革开放的历史性决策，大力推进实践基础上的理论创新、制度创新、文化创新以及其他各方面创新，实行社会主义市场经济体制，实现了从生产力相对落后的状况到经济总量跃居世界第二的历史性突破，实现了人民生活从温饱不足到总体小康、奔向全面小康的历史性跨越，为中国式现代化提供了充满新的活力的体制保证和快速发展的物质条件。

以邓小平同志为主要代表的中国共产党人从我国社会主义初级阶段的实际出发，将中国社会主义现代化的蓝图进一步完善和具体化，提出"建设富强、民主、文明的社会主义现代化国家"的奋斗目标，以及分"三步走"基本实现我国的社会主义现代化的发展战略。

自明确提出"四个现代化"伟大目标到"文化大革命"结束的十多年间，西方资本主义国家经过"黄金十年"的发展时期，经济和科技等领域的发展突飞猛进，使得"现代化"的概念被重新定义。在这一关键时期，邓小平多次出访，通过考察日本、新加坡、美国等多个国家，亲身感受到发达国家的现代化程度，对"现代化"的概念有了全新的认识。1978年10月在访问日本时，邓小平说：我懂得什么是现代化了。在1979年访美时，邓小平再次感叹：我看到了现代化。1979年中央政治局经反复讨论决定对国民经济实行调整，邓小平创造性地提出了"中国式的现代化"。他对"中国式的现代化"进行了阐释："能否实现四个现代化，决定着我们

国家的命运、民族的命运。社会主义现代化建设是我们当前最大的政治。"①邓小平赋予"中国式的现代化"双重内涵：一是强调中国进行现代化要立足国情，不能急躁冒进；二是针对思想理论界出现的强调西方经验过头的错误倾向，明确提出"走出一条中国式的现代化道路"②，把"中国式的现代化"提升到道路和方向的高度。邓小平在党的十二大上致开幕词时，把"中国式的现代化"反对照搬西方、走中国自己的发展道路的内涵进一步提炼升华，提出"有中国特色的社会主义"理论。他指出："我们的现代化建设，必须从中国的实际出发。无论是革命还是建设，都要注意学习和借鉴外国经验。但是，照抄照搬别国经验、别国模式，从来不能得到成功。这方面我们有过不少教训。把马克思主义的普遍真理同我国的具体实际结合起来，走自己的道路，建设有中国特色的社会主义，这就是我们总结长期历史经验得出的基本结论。"③党的十二大后，"中国式的现代化"的双重内涵分别提升为小康社会思想和"有中国特色的社会主义"理论。

1987年党的十三大明确提出了党在社会主义初级阶段的基本路线：领导和团结全国各族人民，以经济建设为中心，坚持四项基本原则，坚持改革开放，自力更生，艰苦创业，为把我国建设成为富强、民主、文明的社会主义现代化国家而奋斗。这条基本路线，可以概括为"一个中心、两个基本点"。"一个中心"即以经济建设为中心，该中心的确立从根本上纠正

---

① 中共中央文献研究室. 邓小平年谱：1975—1997（上卷）. 北京：中央文献出版社，2004：502.
② 中共中央文献研究室. 邓小平年谱：1975—1997（上卷）. 北京：中央文献出版社，2004：502.
③ 邓小平文选：第3卷. 北京：人民出版社，1993：2-3.

了"以阶级斗争为纲"的错误，是在对我国社会主义建设的经验教训进行总结的基础上所做的正确选择。"两个基本点"即坚持四项基本原则，坚持改革开放。四项基本原则包括：必须坚持社会主义道路，必须坚持人民民主专政，必须坚持中国共产党的领导，必须坚持马克思列宁主义毛泽东思想。四项基本原则是立国之本，是社会主义现代化建设的根本政治保证；改革开放是强国之路，是实现社会主义现代化的必要条件。"一个中心、两个基本点"是相互贯通、相互依存的。要保障改革开放的社会主义方向，就必须坚持四项基本原则；要激发社会主义制度的生机和活力，就必须坚持改革开放。

在这个时期，中国共产党提出了"三步走"的现代化步骤：第一步，1981年到1990年实现国民生产总值比1980年翻一番，解决人民的温饱问题；第二步，1991年到20世纪末国民生产总值再增长一倍，人民生活达到小康水平；第三步，到21世纪中叶，人均国民生产总值达到中等发达国家水平，人民生活比较富裕，基本实现现代化。以邓小平同志为主要代表的中国共产党人，在继承和发展毛泽东关于现代化建设思想的基础上，开拓进取、锐意创新，开辟了中国特色社会主义现代化的道路。

以江泽民同志为主要代表的中国共产党人，坚持以邓小平理论为指导，在大力发展社会主义现代化建设中，有了新的贡献，提出了"三个代表"重要思想，强调现代化发展要始终代表中国先进生产力的发展要求，始终代表中国先进文化的前进方向，始终代表中国最广大人民的根本利益，进一步明确了中国式现代化的价值目标和价值取向。

经过改革开放后二十多年的奋斗，到2000年我国顺利实现了第一步、第二步的目标，人民生活总体上达到了小康水平。江泽民在党的十六大报告中明确了 21 世纪前二十年全面建设小康社会的任务。他指出：我们虽然已经进入小康社会，但应看到，"我国正处于并将长期处于社会主义初级阶段，现在达到的小康还是低水平的、不全面的、发展很不平衡的小康"。因此，要利用这个"必须紧紧抓住并且可以大有作为的重要战略机遇期"，"集中力量，全面建设惠及十几亿人口的更高水平的小康社会，使经济更加发展、民主更加健全、科教更加进步、文化更加繁荣、社会更加和谐、人民生活更加殷实"[①]。全面建设小康社会是中国特色社会主义经济、政治、文化全面发展的目标，这不仅是引领中国社会发展的全面纲领，更是与加快实现中国式现代化相统一的目标，符合我国国情和现代化建设的实际，符合人民的愿望，符合中华民族共同的价值追求，是对邓小平小康社会理论和"三步走"发展战略的继承和重大发展，具有十分重大的意义。

党的十六大以后，根据当时环境和社会发展的特点，以胡锦涛同志为主要代表的中国共产党人提出了树立科学发展观和构建社会主义和谐社会的新思路。党的十六届三中全会提出"坚持以人为本，树立全面、协调、可持续的发展观，促进经济社会和人的全面发展"，按照"五个统筹"的要求推进各项事业的改革和发展。党的十六届四中全会又将构建社会主义和谐社会同推动社会主义物质文明、政治文明、精神文明协调发展统一起来。党的十六届六中全会明确指出，要"把我国建设成为富强、民主、文明、和谐的社会主义现代化国家"。至此，形成了"富强、民主、文明、和谐"的社会主义现代化建设目标。

---

① 江泽民文选：第 3 卷. 北京：人民出版社，2006：542，543.

第四节 新时代现代化征程的开启

一、"以人民为中心"的价值追求

改革开放后，中国现代化建设的实践逐渐深入，中国共产党对中国社会主义现代化的布局逐渐拓展。从以经济建设为主，到党的十七大报告提出"四位一体"，再到党的十八大报告提出经济建设、政治建设、文化建设、社会建设和生态文明建设协调发展的"五位一体"的总体布局，中国共产党深化了对现代化建设规律的认识。从经济现代化过渡到全面现代化，从物的现代化过渡到人的现代化，人民对现代化的认识在深化。中国的"五位一体"的现代化超越了单纯以经济和物质现代化为标志的现代化模式，走出了具有中国特色的社会主义现代化道路，创造了人类文明新形态。

党的十八大以来，随着中国特色社会主义进入新时代，中国式现代化建设迎来了崭新的局面。在习近平新时代中国特色社会主义思想指引下，现代化建设得以全面推进。以习近平同志为主要代表的中国共产党人以巨大的政治勇气和强烈的责任担当，提出了一系列新理念新思想新战略，攻克了许多长期没有解决的难题，办成了许多事关长远的大事要事，推动党和国家事业取得举世瞩目的重大成就。这些历史性变革和历史性成就,是开启全面建设社会主义现代化国家新征程最直接、最现实的依据。

以习近平同志为核心的党中央紧紧围绕新时代坚持和发展什么样的中国特色社会主义、怎样坚持和发展中国特色社会主义这一重大时代课题,进行艰辛理论探索,取得重大理论创新成果,形成了习近平新时代中国特色社会主义思想。习近平新时代中国特色社会主义思想,是对马克思列宁主义、毛泽东思想、邓小平理论、"三个代表"重要思想、科学发展观的继承和发展,是马克思主义中国化最新成果,是党和人民实践经验和集体智慧的结晶,是中国特色社会主义理论体系的重要组成部分,是全党全国人民全面建设社会主义现代化国家、为实现中华民族伟大复兴而奋斗的行动指南。

党的十八大以来,党中央多次强调坚持以人民为中心的发展思想。党的十九大报告指出:"明确新时代我国社会主要矛盾是人民日益增长的美好生活需要和不平衡不充分的发展之间的矛盾,必须坚持以人民为中心的发展思想,不断促进人的全面发展、全体人民共同富裕"[1]。党的二十大报告进一步强调"坚持以人民为中心的发展思想。维护人民根本利益,增进民生福祉,不断实现发展为了人民、发展依靠人民、发展成果由人民共享,让现代化建设成果更多更公平惠及全体人民"[2]。"以人民为中心"的价值追求,不仅是习近平新时代中国特色社会主义思想的重要内容,也是新时代坚持和发展中国特色社会主义的基本方略。"以人民为中心"包含

---

[1] 习近平. 决胜全面建成小康社会 夺取新时代中国特色社会主义伟大胜利:在中国共产党第十九次全国代表大会上的报告. 北京:人民出版社,2017:19.

[2] 习近平. 高举中国特色社会主义伟大旗帜 为全面建设社会主义现代化国家而团结奋斗:在中国共产党第二十次全国代表大会上的报告. 人民日报,2022-10-26(1).

了几个方面的内涵：其一，发展是为了人的自由和全面发展。马克思、恩格斯关于人的全面发展的思想，不仅强调人的需要、能力、自由个性等的发展，更强调每个人的发展和全体人、社会的共同发展。这也是马克思主义的目标。其二，现代化从本质上来说是人民的现代化，物质现代化服务于人民现代化。中国共产党领导和团结中国人民，创造了符合中国国情的社会主义现代化道路，摒弃了西方世界衡量现代化的物质尺度。其三，人民是发展的主体，发展的根本动力是调动人民的积极性与创造性。想要实现中华民族的伟大复兴，让中国走上社会主义现代化的强国之路，就必须充分调动人民群众的积极性，激发人民群众的创造力，推动中国社会稳步走在现代化的发展道路上。

二、聚焦人民美好生活的价值目标

社会主要矛盾是在社会诸多矛盾中处于支配地位并对社会发展起决定作用的矛盾。能否正确认识和准确判断某个时期的社会主要矛盾，对于确定党和国家工作重心、解决所处历史阶段的社会主要问题、实现中国人民所追求的价值目标，以及中国现代化的顺利发展都具有至关重要的作用。因此，社会主要矛盾涉及的必然是一定时期党和国家最重大和最根本的要务。自新中国成立以来，中国共产党对我国社会主要矛盾的判断、解决矛盾的方式和手段，以及正反两个方面的经验和教训都进行了深刻的总结。能否正确判断并抓住社会主要矛盾，关系到把党和国家工作重心置于何种发展路径上，进而会导致完全不同的经济社会后果。除"文化大革命"期间外，执政以来中国共产党始终对中国社会主要矛盾转变的判断非常慎重。

党的十九大对中国社会主要矛盾做出新的重大判断，是理论对现实的正确反映，是对事物性质发生改变后在理论上做出的新概括、新表述，具有深刻的内在逻辑和现实依据。具体而言，改革开放以来，随着经济的快速发展，人民的需求、满足人民需求的能力及条件等都发生了深刻的变化，不仅让矛盾的同一性显现，也彰显了解决矛盾的可能性，因而必然会引致社会主要矛盾的转化。

"美好生活"已成为一种价值标准，它能够判断在社会建制下人的存在状态，具有动态的、历史的、社会性的等特性。从哲学意义上理解，美好生活是理想与现实的对立统一，它不仅是存在于一定社会制度中的人们对自身生存生活状态的价值预期，也是在创造并满足其生存生活条件时的价值体现。更重要的是，"美好生活"的价值目标和实践追求，还充分体现在"全面建设社会主义现代化国家"的奋斗目标之中。全面建设社会主义现代化国家分两个阶段完成，每个阶段都设定了体现美好生活的价值要素，这些价值要素都与社会主要矛盾中人民美好生活需要相一致。其中，"把我国建成富强民主文明和谐美丽的社会主义现代化强国"，"我国人民将享有更加幸福安康的生活"，极具概括性地表达了强国价值目标与人民美好生活实践追求的内在一致性。社会主义现代化强国发展的成果在未来一定体现在人民的美好生活上，人民美好生活的需要必将得到更好地满足。

三、迈向现代化的新征程

中国正处于社会主义现代化建设"两个一百年"奋斗目标的历史交汇期。党的二十大报告综合分析国际国内形势和我国的发展条件，在深入研

究、反复论证的基础上,明确提出了全面建成社会主义现代化强国的目标,并做出相应的发展战略部署:

"全面建成社会主义现代化强国,总的战略安排是分两步走:从二○二○年到二○三五年基本实现社会主义现代化;从二○三五年到本世纪中叶把我国建成富强民主文明和谐美丽的社会主义现代化强国。"

"到二○三五年,我国发展的总体目标是:经济实力、科技实力、综合国力大幅跃升,人均国内生产总值迈上新的大台阶,达到中等发达国家水平;实现高水平科技自立自强,进入创新型国家前列;建成现代化经济体系,形成新发展格局,基本实现新型工业化、信息化、城镇化、农业现代化;基本实现国家治理体系和治理能力现代化,全过程人民民主制度更加健全,基本建成法治国家、法治政府、法治社会;建成教育强国、科技强国、人才强国、文化强国、体育强国、健康中国,国家文化软实力显著增强;人民生活更加幸福美好,居民人均可支配收入再上新台阶,中等收入群体比重明显提高,基本公共服务实现均等化,农村基本具备现代生活条件,社会保持长期稳定,人的全面发展、全体人民共同富裕取得更为明显的实质性进展;广泛形成绿色生产生活方式,碳排放达峰后稳中有降,生态环境根本好转,美丽中国目标基本实现;国家安全体系和能力全面加强,基本实现国防和军队现代化。"[1]

以习近平同志为核心的党中央立足新时代的发展实践,坚守以人民为中心的立场,引领新发展理念,在如何建设社会主义现代化国家等问题方面做出了新的思考和探索,为推进中国特色社会主义现代化建设提出了一

---

[1] 习近平.高举中国特色社会主义伟大旗帜 为全面建设社会主义现代化国家而团结奋斗:在中国共产党第二十次全国代表大会上的报告.人民日报,2022-10-26(1).

系列的创新理论。在新的历史条件下,中国共产党依据我国的实际情况,为全面深化改革做出顶层设计,站在新时代和全局战略的高度,提出了新发展理念、新发展阶段、新发展格局,开启了中国特色社会主义现代化新征程。

习近平总书记在学习贯彻党的二十大精神研讨班开班式上强调,要守好中国式现代化的本和源、根和魂,毫不动摇坚持中国式现代化的中国特色、本质要求、重大原则,确保中国式现代化的正确方向。中国特色社会主义现代化,是一种新型的现代化。它是中国共产党领导的社会主义现代化,既有各国现代化的共同特征,更有基于自己国情的中国特色。它具有优越于资本主义的、更加先进的社会主义因素,是为全体人民所共建、共有、共享的中国式现代化。中国特色社会主义现代化,是一种独具中国特色的现代化,具有中国所特有的道路、理论、制度和文化因素。中国式现代化道路,是中国共产党团结带领中国人民在中华民族伟大复兴进程中积极探索的结果,是在中国共产党几代中央领导集体的经验积累和教训总结基础上的结晶,是中国特色社会主义事业发展所积累的宝贵财富。坚持和完善中国特色社会主义制度,是推进国家治理体系和治理能力现代化的根本保障。中国特色社会主义制度是中国共产党在长期实践探索中形成的科学制度体系,包括一系列的根本制度、基本制度和重要制度,为全面建设社会主义现代化国家提供了坚强保障。中国共产党团结带领中国人民把马克思主义基本原理同中国革命和建设具体实践相结合,与中国人民的价值追求保持一致,迎来了从站起来、富起来到强起来的伟大历史飞跃。

习近平总书记在文化传承发展座谈会上指出:"在五千多年中华文明深厚基础上开辟和发展中国特色社会主义,把马克思主义基本原理同中国具体实际、同中华优秀传统文化相结合是必由之路。这是我们在探索中国特色社会主义道路中得出的规律性认识。"① 习近平总书记明确提出"两个结合",并对"第二个结合"做出具体阐释:"'第二个结合'是我们党对马克思主义中国化时代化历史经验的深刻总结,是对中华文明发展规律的深刻把握,表明我们党对中国道路、理论、制度的认识达到了新高度,表明我们党的历史自信、文化自信达到了新高度,表明我们党在传承中华优秀传统文化中推进文化创新的自觉性达到了新高度。"② "两个结合"是中国共产党在关于中国式现代化的积极探索中,通过曲折艰难的实践积累,对理论认知的不断深化,对马克思主义中国化时代化历史经验的深刻总结,形成的对现代化全面推进的有效路径。尤其是"第二个结合"是中国共产党对中国道路、理论、制度认识的高度提升,为实现中华民族伟大复兴筑牢了坚定历史自信、文化自信的价值根基。"第二个结合"为中华文明的传承和赓续注入强大的思想动能,为中华文明的蓬勃发展赋予旺盛的生命力,为以中国式现代化全面推进中华民族伟大复兴指明方向。中国式现代化以"第二个结合"推动中华文明的传承和复兴,创造属于中国式现代化的新文化。"第二个结合"让马克思主义成为中国的,中华优秀传统文化成为现代的。

中国在现代文明的探索之路上不可避免地遭遇与西方现代文明的交织。习近平总书记强调:"经过长期努力,我们比以往任何一个时代都更有条件破解'古今中西之争',也比以往任何一个时代都更迫切需要一批

---

① 习近平. 在文化传承发展座谈会上的讲话. 求是,2023(17):6.
② 习近平. 在文化传承发展座谈会上的讲话. 求是,2023(17):9-10.

熔铸古今、汇通中西的文化成果。"① 中国式现代化用马克思主义文明观重构中华文明主体性，明确了马克思主义中国化时代化的民族担当，增强了中华民族的文化主体性和文化自觉。中国式现代化使中华民族在现代化的进程中充分保证自身民族文化的自主性，展示了一种区别于西方现代化道路的新探索。

---

① 习近平. 在文化传承发展座谈会上的讲话. 求是，2023（17）：11.

第二章

以实现人民美好生活为价值目标的现代化

走自己的路,这是中国共产党的全部理论和实践的立足点,更是中国共产党百余年奋斗得出的历史结论。百余年来,中国共产党在探索实现国家现代化的道路上矢志不渝,成功走出一条中国特色社会主义现代化新道路。习近平指出:"我们坚持和发展中国特色社会主义,推动物质文明、政治文明、精神文明、社会文明、生态文明协调发展,创造了中国式现代化新道路,创造了人类文明新形态。"[1] 中国共产党领导的社会主义现代化既有各国现代化的共同特征,更有基于自己国情的中国特色,它是人口规模巨大的现代化,是全体人民共同富裕的现代化,是物质文明和精神文明相协调的现代化,是人与自然和谐共生的现代化,是走和平发展道路的现代化。中国特色社会主义有关现代化的理论把人民生活水平和生活质量作为评判现代化程度的标准,将和谐、公正、诚信等价值规定纳入现代化的多维价值体系,以实现人民美好生活为根本价值目标,体现了现代化合规律性和合目的性的统一。在开启全面建设社会主义现代化国家新征程、向第二个百年奋斗目标进军的新时代,满足实现人民美好生活的价值需要,不能纸上谈兵,必须实事求是地解决现实问题,寻求满足人民美好生活需要的现实途径。要以解决社会主要矛盾为抓手,集中力量解决发展的不平衡不充分问题,以全面深化改革为突破口,以加快构建以国内大循环为主体、国内国际双循环相互促进的新发展格局为统领,实现高水平的自立自强。

---

[1] 习近平. 在庆祝中国共产党成立 100 周年大会上的讲话. 人民日报,2021-07-02(2).

第一节
中国特色社会主义现代化的根本价值目标

实现人民美好生活，是中国特色社会主义现代化的根本价值目标。从不同层次来说，实现这个价值目标，意味着社会的全面进步，人民生活更加美好，意味着人的现代化普遍实现，人的全面发展得到重要保证，最终目的则是全体人民实现共同富裕。

一、社会全面进步，人民生活更加美好

社会主义现代化是经济、政治、文化、科技、生态、民生、国防等领域全面发展进步的过程，是中国综合国力和国际影响力显著提升的过程。推进社会全面进步，让人民群众过上更幸福、更美满、更舒适的生活，是中国特色社会主义现代化的根本价值目标之一。实现价值目标的过程与现代化实践过程本身相融合，这是中国特色社会主义现代化的显著特征与明显优势。

实现中国特色社会主义现代化不仅是经济发展的过程，更是社会全面进步的过程。党的十八大以来，中国共产党形成并统筹推进中国特色社会主义事业经济建设、政治建设、文化建设、社会建设、生态文明建设"五

位一体"总体布局,这是我们党对社会主义建设规律在实践和认识上不断深化的重要成果。从改革开放初期的物质文明、精神文明"两个文明",到经济、政治、文化建设"三位一体",以及经济、政治、文化、社会建设"四位一体",再到"五位一体",这不仅是重大理论和实践创新,也是发展理念和发展方式的深刻转变。"五位一体"坚持以经济建设为中心,促进经济、政治、文化、社会、生态文明建设各方面相协调,推动生产关系与生产力、上层建筑与经济基础相适应,推动中国特色社会主义事业全面发展、全面进步。"十四五"规划把统筹推进"五位一体"总体布局作为"十四五"时期经济社会发展的指导思想,通过一系列措施保证全面建设社会主义现代化国家开好局、起好步。

人民群众追求美好生活是历史发展的永恒主题,是永远的进行时。"人民对美好生活的向往,就是我们的奋斗目标。"① 社会发展怎么样,生活过得好不好,人民群众感受最直接、最真实,也最有发言权。改革开放以来,经济社会飞速发展,人民生活不断改善,老百姓普遍感觉钱包更鼓了,家庭更殷实了,精神更振奋了,日子更有盼头了。"十三五"时期,全面建成小康社会决胜阶段取得决定性成就:脱贫攻坚取得全面胜利,完成了消除绝对贫困的艰巨任务,人民生活水平显著提高,高等教育进入普及化阶段,建成世界上规模最大的社会保障体系,文化事业和文化产业繁荣发展,国家安全全面加强,社会保持和谐稳定。这些成就充分体现了社会生活在方方面面的进步,彰显了以人民为中心的发展思想。

在我国全面建成小康社会、实现第一个百年奋斗目标之后,"十四五"

---

① 中共中央文献研究室.十八大以来重要文献选编:上.北京:中央文献出版社,2014:70.

开启了乘势而上全面建设社会主义现代化国家、向第二个百年奋斗目标进军的新征程。中国特色社会主义步入新时代，我们的人民期盼有更好的教育、更稳定的工作、更满意的收入、更可靠的社会保障、更高水平的医疗卫生服务、更舒适的居住条件、更优美的环境，享有更丰富的精神文化生活。在经济社会发展和民生改善的同时，城乡区域发展和收入分配差距较大、生态环境保护事业任重道远、民生保障工作存在亟待补齐的短板、社会治理还有弱项等问题仍然突出，老百姓还有不少操心事、烦心事、揪心事，在通往幸福生活的路上还有很多难题与阻碍。因此，扎实推进中国特色社会主义现代化建设，就必须更加自觉、更加坚定地将人民对美好生活的向往作为奋斗目标，不断促进社会公平正义，让发展成果更多更公平惠及全体人民。要提高人民收入水平，发展全方位就业服务，建设高水平高质量教育体系，建成多层次社会保障体系，加强社区治理体系建设，创新社会治理，推进民生保障精准化精细化，把解决突出生态环境问题作为民生优先领域，真抓实干解民忧、纾民怨、暖民心，让人民群众获得感、幸福感、安全感更加充实、更有保障、更可持续，推动人民生活水平实现历史性跨域。

实现人民美好生活的价值目标与实现社会主义现代化的历史过程具有同一性，二者统一于中国特色社会主义发展进程中。为人民谋幸福，是中国共产党人的初心，带领人民创造美好生活，是中国共产党矢志不渝的奋斗目标。回顾中国共产党带领中国人民不断寻求现代化道路的历史，新中国成立后不久，从发展战略方面提出了实现四个现代化（农业、工业、国防和科学技术）的奋斗目标。党的十一届三中全会以后，确定了面向 21 世纪中叶的"三步走"社会主义现代化战略安排，提出了新型工业化、信息化、城镇化、农业现代化的"新四化",经济、政治、文化、社会和生态文明"五位一体"的现代化。党的十八届三中全会提出了推进国家治理体系和治理能力现代化,赋予了社会主义现代化新的内涵,将对社会主义现代化的认识提到了更高水平。党的十九大报告指出,"中国特色社会主义道路是实现社会主义现代化、创造人民美好生活的必由之路"[1],明确提出新时代中国特色社会主义发展的战略安排。党的十九届五中全会提出了"十四五"时期的发展规划,清晰展望了 2035 年基本实现社会主义现代化的远景目标。

实现人民美好生活体现了社会主义的本质要求,社会主义现代化是通过社会主义不断向前发展来实现现代化目标的过程,从这个意义上说,实现人民美好生活的实践过程,就是发展社会主义现代化的过程。社会主义现代化融合了社会主义的本质规定与现代化实践的过程性,意味着实现现代化不是只有西方资本主义这一条道路可以选择,走社会主义道路同样可以更好地开展现代化、更快地实现现代化。党的十九届五中全会审议通过的《中共中央关于制定国民经济和社会发展第十四个五年规划和二〇三五年远景目标的建议》明确提出,到 2035 年基本实现社会主义现代化时,我国"人民生活更加美好,人的全面发展、全体人民共同富裕取得更为明显的实质性进展"[2]。"十四五"规划对现代化发展的战略安排回应了人民对美好生活的新期待,规划和设计了未来实现人民美好生活的壮丽蓝图,将实现社会主义现代化与实现人民美好生活统一于新时代中国特色社会主

---

[1] 习近平.决胜全面建成小康社会 夺取新时代中国特色社会主义伟大胜利:在中国共产党第十九次全国代表大会上的报告.北京:人民出版社,2017:16.
[2] 中共中央关于制定国民经济和社会发展第十四个五年规划和二〇三五年远景目标的建议.人民日报,2020-11-04(1).

义的发展进程中，为我国开启全面建设社会主义现代化国家新征程指明了前进方向。

二、实现人的现代化，促进人的全面发展

人是生产力各要素中最活跃、最生动、最具决定性的因素，是现代化的前提和归宿。人的现代化问题，是事关中国特色社会主义现代化建设的重要问题，是实现人的自由全面发展的先决条件。改革开放以来，我国物质领域的现代化成绩斐然，社会生活水平和质量获得了极大提升，人的现代化的重要性也日益凸显出来。但是在现实发展过程中，人的现代化明显滞后于物的现代化，甚至被物的现代化边缘化。党的十八大以来，以习近平同志为核心的党中央高度重视人的现代化问题，赋予人的现代化建设极其显要的战略地位，创造性地提出"现代化的本质是人的现代化"[1]，为中国特色社会主义现代化事业的发展提供了价值目标和行动指南。党的十九届五中全会开启了全面建设社会主义现代化国家新征程，这要求我们在思想上与时俱进，不断增进对人的现代化问题的认识。

理解"人"与"人的现代化"的内涵，是探究人的现代化问题的前提和基础。历史唯物主义认为，人是自然存在物，是类存在物，也是社会存在物，能动性是人的本质属性。现代化进程中的人是"人的全部活动和全部状况的基础"[2]，"不是处在某种虚幻的离群索居和固定不变状态中的人，而是处在现实的、可以通过经验观察到的、在一定条件下进行的发展过程

---

[1] 中共中央文献研究室.十八大以来重要文献选编：上.北京：中央文献出版社，2014：594.
[2] 马克思恩格斯文集：第1卷.北京：人民出版社，2009：295.

中的人"①。"人的现代化"最早由美国社会心理学家英格尔斯等人提出，主要观点是"国家落后也是一种国民的心理状态"②。他们认为人的现代化，首先是全体国民、整个民族的整体同一现代化，包括思想、心理、态度和行为的现代化，是现代化制度和经济赖以长期发展并取得成功的先决条件。一般来讲，人的现代化有广义和狭义之分。广义的人的现代化指的是人的主体意识的现代化和人口素质的现代化；狭义的人的现代化指的是人的个体素质的现代化，以及个体素质与社会现代化的协同发展③。

人的现代化是现代化的核心问题。一般认为，现代化是肇始于17世纪欧洲的一股追求历史发展和文明进步的意识和潮流。工业革命以后，西方国家迅速发展进而迈入现代化国家行列，经济发展和社会变革带来了民众观念从传统向现代的转变，解放了人的潜能，人的现代化水平日益提高。马克思曾盛赞资产阶级在它不到百年的阶级统治中创造的生产力比过去一切世代创造的全部生产力还要大，"它第一个证明了，人的活动能够取得什么样的成就。它创造了完全不同于埃及金字塔、罗马水道和哥特式教堂的奇迹；它完成了完全不同于民族大迁徙和十字军征讨的远征"④。与此同时，社会信任危机和道德沦丧愈加暴露出来，现代化呈现出难以解决的内在悖论——恰是在现代化发展如火如荼的时候，人的异化现象反而越来越严重。人在劳动过程中成了自己的陌生人，失去了尊严，被自己创造的物奴役，人与人之间的关系愈加冷漠淡薄。这场以人的解放为名义的现代化运动，最终成为人的全面自由发展的桎梏。

---

① 马克思恩格斯文集：第1卷.北京：人民出版社，2009：525.
② 殷陆君.人的现代化.成都：四川人民出版社，1985：3.
③ 戴木才，尚泽伟.全面建设社会主义现代化与实现人的现代化.理论视野，2019（12）：60.
④ 马克思恩格斯选集：第1卷.3版.北京：人民出版社，2012：403.

从 20 世纪五六十年代起，人们开始反思传统的以经济增长为单一发展目标的现代化模式，力图探索新的现代化发展之路。纵观世界各国的现代化发展历程，一些国家拥有良好的自然资源与得天独厚的地理条件却并未成为现代化国家，一些国家并不具备良好的自然资源和地理条件，反而成为现代化国家。这是因为，物的现代化离不开人的现代化，只有把人的现代化纳入现代化发展目标，把人的现代化置于重要的战略位置，现代化才不会是徒有虚名。在中国，从 20 世纪 80 年代后期开始，人们逐步将发展的价值定义在对人的需要的满足上，以此来促进社会进步，表明满足人的需要的价值目标与实现社会主义现代化的历史过程具有同一性。同时，人的自身发展处于社会经济发展和社会主义现代化的核心地位：人是现代化发展的主体，是现代化发展的内在动力，人的现代化是现代化发展的最终目标。换句话说，现代化的核心问题是人的现代化，现代化归根结底是人的现代化，只有先发展人的现代化，才能顺利展开整个现代化事业。

推进人的现代化，实现人的全面发展，是区别于西方现代化的中国特色社会主义现代化的显著特征。在很长一段时间里，人们把西方现代化的模式当作发展现代化的唯一样板，把西化、欧美化和现代化等同起来。欧洲中心主义者甚至认为包括中国在内的第三世界国家的现代化道路，是对欧美现代化的不成功"反叛"。但是西方发达国家的内在危机和发展中国家的现代化发展成果，逐渐让人们认识到，现代化受到不同的社会制度及其特定的历史阶段的制约，现代化的内涵、模式、道路呈现出时代性和地域性的特征，并不存在"自古华山一条路"式的现代化。中国的现代化探索经历了漫长曲折的过程，最终走出了成功的道路。它不是把衡量经济社会发展程度的某些指标视为现代化的标准，也不停留在自由、平等这些抽象的概念上，而是关注人的幸福，关注人的处境。中国特色社会主义事业始终是为了"增进人民福祉"，始终坚持"以人民为中心"的发展思想，始终以"在发展中保障和改善民生"为基本方略。它充分调动人民群众的积极性、创造性，把人民作为发展的主体，又坚持让全体人民共享发展成果，把人的现代化作为现代化的本质属性。简言之，中国特色社会主义现代化是人民的现代化，既是为了人民的发展，又是依靠人民的发展，因而可以摆脱西方现代化的"异化""物化"噩梦，避免"文明赤字"。这条现代化道路为新时代中国的蓬勃发展创造前提、奠定基础，也对世界现代化发展格局带来了深刻影响。它突破了西方现代化模式的唯一性，展现了现代化模式的多样性，拓宽了发展中国家走向现代化的途径，为世界现代化模式的多元发展提供了崭新选择，为推动人类文明的进步贡献了中国方案、中国智慧。

实现人的现代化与实现中国特色社会主义现代化是辩证统一的关系，二者相互促进，共同发展。一方面，人的现代化只有在社会的现代化进程中才能真正实现，中国特色社会主义现代化各个要素的发展对人的现代化的发展具有促进作用。中国特色社会主义现代化为人的现代化提供物质前提和制度保障，它不仅带来生产方式的变革，造就了快捷的交通方式、便利的通信手段、丰富的信息资源，也创造出现代化的生活方式、交往方式和社会组织形式，使社会呈现出鲜明的流动性，促进了人的价值观念的转型，为人的现代化提供了良好条件。另一方面，人的现代化是现代化的基础条件和发展动力，是中国特色社会主义现代化的最终目标。"如果一个国家的人民缺乏一种能赋予这些制度以真实生命力的广泛的现代心理基础，如果执行和运行着这些现代制度的人自身还没有从心理、思想、态度和行为方式上都经历一个向现代化的转变，失败和畸形发展的悲剧结局是不可避免的。"① 历史和实践证明，现代工业技艺、现代管理方法、现代文化教育、现代政治制度等因素能够带来社会的发展，但是仍旧不足以开创现代化国家新局面。现代化中最关键的因素是人，这里所谓的人，必须是具备现代化的主体意识和个体品质、能够适应现代化的发展环境的"现代人"。总而言之，实现人的现代化和发展中国特色社会主义现代化具有相互制约性和同一性，社会的现代化是为了人的现代化，为了人更好地发展，为了提升人的生活水平和整体素质，使人可以得到全面的发展。社会由人构成，人是促进社会发展的主体，人的现代化是社会现代化的主要动因。

在中国，人的现代化的奋斗目标和最终结果，是人的自由而全面的发展。马克思主义认为，人的自由全面发展是人的本质的最高体现，是关于人的解放的最高命题，以及人的发展的终极目标。发展人的现代化的过程，也就是人的自我发展、自我实现的过程，是人向其自我本质的复归和向人的自由全面发展的过渡。实现人的自由全面发展，鼓舞和引导着中国特色社会主义现代化发展生产力，发展教育、科技、卫生和文体事业的历史过程，体现在破除束缚人的发展的各种社会关系和制度藩篱的深化改革中，在通过物质文明和精神文明建设不断满足人民群众日益增长的美好生活需要的同时，不断提高社会成员的各种素质，促进了人的解放和人的发展。在全面建设社会主义现代化国家的语境里，现代化的"人"与每一个辛勤劳动的奋斗者息息相关，它体现在人民生活更加幸福美好的目标中，

---

① 殷陆君. 人的现代化. 成都：四川人民出版社，1985：4.

贯穿于尊重人民主体地位和激发人民首创精神的过程中，在中国共产党的领导下被最大限度地凝聚起来[1]。习近平在纪念马克思诞辰200周年大会上的讲话中强调："我们要始终把人民立场作为根本立场，把为人民谋幸福作为根本使命，坚持全心全意为人民服务的根本宗旨，贯彻群众路线，尊重人民主体地位和首创精神，始终保持同人民群众的血肉联系，凝聚起众志成城的磅礴力量，团结带领人民共同创造历史伟业。"[2] 这可以看作是对如何发展人的现代化、实现人的自由全面发展这一问题的回答。

三、全体人民共同富裕

共同富裕是社会主义的本质要求，是亿万中国人民的共同期盼，是中国共产党的百年夙愿，是中国特色社会主义现代化的根本价值目标。长期以来，我们始终坚持把实现人民对美好生活的向往作为现代化建设的出发点和落脚点，着力促进全体人民共同富裕。准确把握共同富裕的深刻内涵和推进共同富裕的实现路径，对于理解中国共产党带领中国人民创造的中国式现代化新道路、在新时代坚持和发展中国特色社会主义、实现第二个百年奋斗目标、全面建成社会主义现代化强国具有重要意义。

（一）共同富裕是社会主义的本质要求

实现人民生活富裕，百姓安居乐业，是千百年来中华民族贤哲仁人的理想追求与人民群众的美好梦想。《论语》有言："丘也闻有国有家者，不患寡而患不均，不患贫而患不安。盖均无贫，和无寡，安无倾。"《礼记·

---

[1] 胡大平. 人的现代化与全面建设社会主义现代化国家. 思想理论教育导刊，2021（2）：72.
[2] 习近平. 在纪念马克思诞辰200周年大会上的讲话. 北京：人民出版社，2018：17.

礼运》云："大道之行也，天下为公，选贤与能，讲信修睦。故人不独亲其亲，不独子其子。使老有所终，壮有所用，幼有所长，矜寡孤独废疾者，皆有所养"。唐代诗人杜甫在困苦潦倒之际仍然大声疾呼："安得广厦千万间，大庇天下寒士俱欢颜，风雨不动安如山。""扬州八怪"之一的郑燮曾作："衙斋卧听萧萧竹，疑是民间疾苦声。"近代以来，以孙中山为代表的革命党人倡导民族、民权、民生，立志实现民族独立、人民解放、国家富强。这些思想中蕴含了共同富裕的部分内涵，为今天的社会发展带来了深刻启示。但是，只有到了中国共产党领导人民独立自主开创和建设社会主义事业时，共同富裕才真正做到了把"以人民为中心"作为指导思想，才真正具备了完全实现的可能。

中国共产党人对共同富裕的不懈追求与发展精神一脉相承。邓小平多次强调："社会主义的本质，是解放生产力，发展生产力，消灭剥削，消除两极分化，最终达到共同富裕。"[1]"社会主义最大的优越性就是共同富裕"[2]。"社会主义的目的就是要全国人民共同富裕"[3]。党的十八大报告指出："共同富裕是中国特色社会主义的根本原则。"[4]《中共中央、国务院关于打赢脱贫攻坚战的决定》指出："消除贫困、改善民生、逐步实现共同富裕，是社会主义的本质要求，是我们党的重要使命。"[5] 党的十九届五中全会通过的《中共中央关于制定国民经济和社会发展第十四个五年规划和

---

[1]　中共中央文献研究室. 邓小平思想年谱：1975—1997. 北京：中央文献出版社，1998：460.
[2]　邓小平文选：第3卷. 北京：人民出版社，1993：364.
[3]　中共中央文献研究室. 邓小平思想年谱：1975—1997. 北京：中央文献出版社，1998：311.
[4]　胡锦涛. 坚定不移沿着中国特色社会主义道路前进 为全面建成小康社会而奋斗. 北京：人民出版社，2012：15.
[5]　中共中央党史和文献研究院. 十八大以来重要文献选编：下. 北京：中央文献出版社，2018：52.

二〇三五年远景目标的建议》将"全体人民共同富裕取得更为明显的实质性进展"作为 2035 年基本实现社会主义现代化远景目标之一。习近平在中央财经委员会第十次会议上指出,"共同富裕是社会主义的本质要求,是中国式现代化的重要特征"[①]。党的二十大报告指出,实现全体人民共同富裕是中国式现代化的本质要求。实现全体人民共同富裕内嵌于社会主义的本质、目标和原则之中,体现了社会主义制度的优越性。

第一,社会主义的本质要求是共同富裕。改革开放后,邓小平面对当时社会上严重误解社会主义和社会主义建设,甚至动摇社会主义信念的种种思潮,提出了"什么是社会主义,怎样建设社会主义"的问题。他一针见血地指出:"社会主义阶段的最根本任务就是发展生产力,社会主义的优越性归根到底要体现在它的生产力比资本主义发展得更快一些、更高一些,并且在发展生产力的基础上不断改善人民的物质文化生活。如果说我们建国以后有缺点,那就是对发展生产力有某种忽略。社会主义要消灭贫穷。贫穷不是社会主义,更不是共产主义。"[②] 也就是说,社会主义的根本目标和发展方向是不断解放和发展生产力,在此基础上逐步改变人民群众的物质生活和文化生活,让人民群众过上好日子。社会主义如果不能消灭贫困,那它的制度优越性就无法体现。

在我国社会主义初期,平均主义的分配原则导致城乡和各行各业都出现了"干多干少一个样"的局面,劳动者的生产积极性无法被调动起来,生产效率和工作效率极其低下,不同种类劳动的不同特点没有体现在分配

---

① 习近平主持召开中央财经委员会第十次会议强调 在高质量发展中促进共同富裕 统筹做好重大金融风险防范化解工作 李克强汪洋王沪宁韩正出席. 人民日报,2021 - 08 - 18 (1).
② 中共中央文献研究室. 邓小平思想年谱:1975—1997. 北京:中央文献出版社,1998:288.

上,劳动者的真正贡献和价值没有通过劳动报酬公正全面地体现出来。这种平均主义的分配原则,虽然在一定程度上防止了收入差距过大和普遍的贫富差距,但是它严重影响了社会生产力的进步,使广大人民群众长期处于饥饿和贫困之中。党的十一届三中全会之后,我国真正贯彻落实按劳分配原则,充分调动了劳动者的生产积极性,提高了全社会的工作效率和生产效率。我们提出让一部分地区、一部分人先富起来,带动和帮助其他地区、其他的人,逐步达到共同富裕。随着社会主义市场经济的飞速发展,"先富"的群体取得了巨大的社会成就,生活水平实现了质的飞跃,推动了消费的增长和生产的发展,也扭转了人们对获取财富的错误认识,树立了劳动致富光荣的社会风尚。几十年的时间过去了,让一部分地区、一部分人富起来的目标已经达成,然而"发展起来以后的问题不比不发展时少"[1],社会分配不公、贪污腐败、道德沦丧等问题时刻提醒我们保持冷静分析、清醒决策。在社会主义现代化建设进程中,我们要把焦点更多放在"共奔富裕路"上,让"先富"与"共富"结合,做到"先富"真正带动全体人民共同富裕。

四十多年来的改革开放进程,使我们更加明确:消灭贫穷,实现共同富裕,必须走社会主义道路。"如果走资本主义道路,可以使中国百分之几的人富裕起来,但是绝对解决不了百分之九十几的人生活富裕的问题。而坚持社会主义,实行按劳分配的原则,就不会产生贫富过大的差距。再过二十年、三十年,我国生产力发展起来了,也不会两极分化。"[2] 社会主义的本质是解放和发展生产力,发展是第一要务,只有具备强大的物质基

---

[1] 习近平. 在经济社会领域专家座谈会上的讲话. 北京:人民出版社,2020:8.
[2] 邓小平文选:第3卷. 北京:人民出版社,1993:64.

础，才能让人民群众富起来，让老百姓过上好日子。中国特色社会主义坚持不懈走人民群众共同富裕的道路，坚持民生改善与经济发展同步、人民生活水平提高与改革开放同步。这为我们建设社会主义现代化提供了巨大优势。

第二，共同富裕不是少数人的富裕，而是全体人民都富裕。共同富裕包含"共同"和"富裕"两个要义。前者指明了财富占有方式的规定性，是全体人民的共同富裕，而不是少数人、少数群体、少数地区的富裕。后者指的是全体人民在物质和精神方面享有的状态，是富裕的而非贫困的，是满足的而非匮乏的。一方面，贫富差距不能越来越大。要完善分配格局，进一步提高居民可支配收入和劳动报酬，缩小行业收入差距、城乡收入差距，构建橄榄型社会结构。深化分配体制改革，三次分配分别关注经济增长的包容性和协调性、公平公正与企业社会责任。另一方面，也要为社会全体成员提供平等的发展机遇，激发人民群众创造美好生活的积极性，最终通过全体人民的辛勤劳动，实现物质富足、精神富有，以及人的全面发展。

第三，共同富裕不是整齐划一的平均主义，共同富裕承认相对差异性。中国有十四亿多人口，五十六个民族，幅员辽阔，地大物博。不同的社会个体的认知能力、劳动能力、受教育水平、健康水平等各方面存在客观差异，不同地区的历史文化底蕴、自然资源储藏和初始发展条件存在明显差距。只有承认这些现实问题，意识到社会主义共同富裕内在的差异性、相对性，才能因人而异、因地制宜、对症下药。社会主义意在消灭贫困、消除两极分化的基础上实现共同富裕，但绝不是整齐划一的平均主义，要允许一部分人先富起来，特别要鼓励辛勤劳动、合法经营、敢于创业的致富带头人，然后是先富带后富、帮后富。在机会平等的基础上对社会竞争的结果也要适当增加补偿机制，帮扶欠发达地区，为偏远贫困地区的困难群体、弱势群体提供有效服务。只有这样才能激发全体社会成员的劳动积极性和创造性，更好地分配和利用各类资源。

第四，共同富裕是人民群众的物质生活和精神生活都富裕。"仓廪实而知礼节，衣食足而知荣辱。"中华文明历来把人的精神生活纳入人生和社会理想之中，向往物质生活充沛富裕、道德境界升华高尚的大同世界。马克思主义关于人的全面发展理论的一个重要内涵就是人的精神生活的自由充分发展。中国共产党带领中国人民实现共同富裕，不仅要物质基础上的富裕，还要经济、政治、文化、社会、生态等体现和反映人民美好生活需要的多个领域的发展，体现了物质文明和精神文明的统一、物质生活和精神生活的统一。社会主义现代化条件下的共同富裕，是物质文明和精神文明均衡发展、相互促进的过程。党的二十大报告指出："我们不断厚植现代化的物质基础，不断夯实人民幸福生活的物质条件，同时大力发展社会主义先进文化，加强理想信念教育，传承中华文明，促进物的全面丰富和人的全面发展。"[①] 物质生活上的富裕是共同富裕的基础，是衡量共同富裕程度的重要指标而非唯一指标。缺乏精神生活的充实，会形成过度强调享乐的社会风气，导致物质主义泛滥，使社会陷入高福利的陷阱。物质生活和精神生活协调发展、共同富裕，意味着社会文明程度将得到提高：在社会主义现代化国家里，社会主义核心价值观深入人心，公共文化服务体系和文化产业体系更加健全，人民精神文化生活日益丰富，多样化、多层

---

① 习近平．高举中国特色社会主义伟大旗帜 为全面建设社会主义现代化国家而团结奋斗：在中国共产党第二十次全国代表大会上的报告．人民日报，2022－10－26（1）．

次、多方面的精神文化需求得到满足，人民的思想道德素质、科学文化素质和身心健康素质明显提高。在全体人民奋进实现中华民族伟大复兴中国梦的背景下，它还能进一步提升中华文化影响力，进一步增强中华民族凝聚力，彰显中国特色社会主义道路的文化自信。

第五，共同富裕是分阶段全过程促进的富裕。我国正处于并将长期处于社会主义初级阶段，发展不平衡不充分问题突出，群体之间、地区之间发展的基础、条件、能力不尽相同，决定了实现共同富裕不可能一蹴而就，共同富裕只能分阶段全过程实现。社会主义现代化共同富裕体制必须保持足够的灵活性，能够适应经济社会发展不同阶段的特点和需要，避免教条和僵化。坚持顶层设计与基层探索相结合、胆子要大与步子要稳相结合，鼓励各地探索多样性共同富裕实现路径，允许部分地区先行先试积累经验为其他地区做出示范。全过程共同富裕必须持续推进，坚决避免返贫、致贫风险。

实现全体人民共同富裕是全面建设社会主义现代化国家的必然要求，是中国特色社会主义现代化区别于西方国家现代化道路的重要标志之一，也是第二个百年奋斗目标做出的战略安排。全面建成小康社会为共同富裕创造了良好条件，在现代化发展新征程上，必须把促进全体人民共同富裕摆在更重要的位置上，脚踏实地，久久为功，更好满足人民日益增长的美好生活需要，不断夯实党的长期执政基础。

（二）在推进中国特色社会主义现代化中实现全体人民共同富裕

扎实推进共同富裕，是利国利民的百年大计，是实现中华民族伟大复兴的重要组成部分，必须始终坚持党的集中统一领导，充分发挥我国社会主义制度优势，坚持以人民为中心的发展思想，在高质量发展中实现共同富裕，实现共同富裕的战略目标和实践途径的有机结合。

坚持党的集中统一领导。中国共产党领导是中国特色社会主义最本质的特征，是全党全国各族人民共同意志和根本利益的体现。"事实充分证明，中国共产党领导和我国社会主义制度是抵御风险挑战、聚力攻坚克难的根本保证。"① 实现全体人民共同富裕，事关社会主义经济建设、政治建设、社会建设、文化建设、生态建设全局，事关"四个全面"战略布局，是一项复杂深刻的系统工程，必须发挥党的领导这一最大优势。党政军民学，东西南北中，党是领导一切的。中国共产党强大的领导力、组织力，保证其能够动员全党全国上下一切可以动员的力量，把推进共同富裕的各项措施落到实处。实现全体人民共同富裕是一项长期的事业，只有中国共产党能够立足国情，把握规律，构建一整套行之有效的政策体系、工作体系、制度体系，走出共同富裕的道路，形成中国特色共同富裕理论，只有中国共产党有一棒接着一棒跑、一任接着一任干的坚守执着，只有中国共产党有"为有牺牲多壮志，敢教日月换新天"的义无反顾。《中共中央关于制定国民经济和社会发展第十四个五年规划和二〇三五年远景目标的建议》强调，"实现'十四五'规划和二〇三五年远景目标，必须坚持党的全面领导，充分调动一切积极因素，广泛团结一切可以团结的力量，形成推动发展的强大合力"，要"贯彻党把方向、谋大局、定政策、促改革的要求"②。

充分发挥社会主义制度优势。一种制度是造成贫困还是消除贫困，是

---

① 习近平. 在全国脱贫攻坚总结表彰大会上的讲话. 人民日报，2021-02-26 (2).
② 中共中央关于制定国民经济和社会发展第十四个五年规划和二〇三五年远景目标的建议. 人民日报，2020-11-04 (1).

阻碍共同富裕还是实现共同富裕,关键看这种制度的性质。共同富裕是社会主义的本质要求,新中国成立以来,中国建立、建设了社会主义制度,独立自主创造出了一条消除贫困、实现共同富裕的崭新之路。在扶贫工作中,坚持党的领导,发挥社会主义制度可以集中力量办大事的优势,是我们最大的政治优势。中国共产党的领导是中国特色社会主义最本质的特征,在党中央的集中统一领导下,"各级党委和政府以及社会协同发力、合力攻坚,东部西部守望相助、协作攻坚"①,打赢了脱贫攻坚战,开辟了共同富裕的光明前景。我们坚持党的领导、人民当家作主和依法治国的有机统一,为实现共同富裕提供领导保障、制度保障、法治保障。我们把实现好、维护好、发展好最广大人民根本利益作为发展的出发点和落脚点,保证全体人民在共建共享发展中有更多获得感,不断促进人的全面发展、全体人民共同富裕。

坚持以人民为中心的发展思想。"治国之道,富民为始。"只有坚持以人民为中心的发展思想,坚持发展为了人民,发展依靠人民,发展成果由人民共享,才能有正确的发展观和现代化观,才能逐步实现共同富裕。习近平强调:"党的十八届五中全会鲜明提出要坚持以人民为中心的发展思想,把增进人民福祉、促进人的全面发展、朝着共同富裕方向稳步前进作为经济发展的出发点和落脚点。这一点,我们任何时候都不能忘记,部署经济工作、制定经济政策、推动经济发展都要牢牢坚持这个根本立场。"②"我们始终坚定人民立场,强调消除贫困、改善民生、实现共同富裕是社

---

① 中共中央政治局常务委员会召开会议 听取脱贫攻坚总结评估汇报 中共中央总书记习近平主持会议. 人民日报, 2020 - 12 - 04 (1).

② 中共中央党史和文献研究院. 十八大以来重要文献选编: 下. 北京: 中央文献出版社, 2018: 4.

会主义的本质要求，是我们党坚持全心全意为人民服务根本宗旨的重要体现，是党和政府的重大责任。"① "中国共产党根基在人民、血脉在人民、力量在人民。"② 发展社会主义现代化，"归根结底是要实现全体人民共同富裕"③。要充分调动人民群众的积极性、主动性、创造性，激发内生动力，组织、引导、支持老百姓用自己的辛勤劳动创造美好生活，把人民群众对美好生活的向往转化为实现共同富裕的强大动能。以造福民众、改善民生为目的发展经济，提高人民收入水平，改善人民吃穿住行的条件和日常生活品质。健全基本公共服务体系，不断提高基本公共服务水平，增强均衡性和可及性。社会建设要以人为本，强化就业优先政策，建设高质量教育体系，建设学习型社会。健全覆盖全民、统筹城乡、公平统一、可持续的多层次社会保障体系，完善全国统一的社会保险公共服务平台，重点加强基础性、普惠性、兜底性民生保障建设。构建初次分配、再分配、三次分配协调配套的基础性制度安排④，扩大中等收入群体比重，增加低收入群体收入，合理调节高收入，取缔非法收入，促进社会公平正义，使发展成果由全体人民共享，朝着共同富裕的目标扎实迈进。

坚持在高质量发展中实现共同富裕。"发展是解决我国一切问题的基础和关键"⑤，实现全体人民共同富裕的宏伟目标，最终靠的是发展。高质量发展是全面建设社会主义现代化国家的首要任务，要毫不动摇坚持发展

---

① 习近平. 在全国脱贫攻坚总结表彰大会上的讲话. 人民日报，2021-02-26（2）.
② 习近平. 在庆祝中国共产党成立100周年大会上的讲话. 人民日报，2021-07-02（2）.
③ 习近平. 关于《中共中央关于制定国民经济和社会发展第十四个五年规划和二〇三五年远景目标的建议》的说明. 人民日报，2020-11-04（2）.
④ 习近平主持召开中央财经委员会第十次会议强调 在高质量发展中促进共同富裕 统筹做好重大金融风险防范化解工作 李克强汪洋王沪宁韩正出席. 人民日报，2021-08-18（1）.
⑤ 中国共产党第十九次全国代表大会文件汇编. 北京：人民出版社，2017：17.

是硬道理、发展应该是科学发展和高质量发展的战略思想，更好统筹质的有效提升和量的合理增长，始终坚持质量第一、效益优先，大力增强质量意识，视质量为生命，以高质量为追求。必须坚定不移深化改革开放、深入转变发展方式，以效率变革、动力变革促进质量变革，加快形成可持续的高质量发展体制机制[①]。坚持公有制为主体、多种所有制经济共同发展，允许一部分人先富起来，先富带后富、帮后富，举全民之力推进中国特色社会主义事业，不断把"蛋糕"做大。同时，还要在不断发展的基础上把促进社会公平正义的事情做好，把不断做大的"蛋糕"分好，绝不能出现"富者累巨万，而贫者食糟糠"的现象，做到防止贫富差距过大和实现共同富裕的有机结合。高质量发展不只是一个经济要求，而是对经济社会发展方方面面的总要求。要做好就业保障工作，强化就业优先政策，更加注重缓解结构性就业矛盾，防止经济发展、产业升级带来的空心化和大量失业。为了适应发展带来的产业升级和技术革新，也要强化就业培训，加快提升劳动者的技能素质。随着科学技术的发展，一些新现象、新问题也值得我们关注。例如，"数字鸿沟"，即在区域之间、城乡之间、年轻人和老年人之间、文化水平高的人和文化水平较低的人之间，数字科技的普及程度、接受能力、使用效果有很大差异，很容易造成新的贫富鸿沟。因此，要强化文化、教育、科技的公平公正问题，普及数字科技及其应用，推进机会平等，"为人民提高受教育程度、增强发展能力创造更加普惠公平的条件，畅通向上流动通道，给更多人创造致富机会，形成人人参与的发展

---

① 习近平在参加江苏代表团审议时强调 牢牢把握高质量发展这个首要任务．人民日报，2023-03-06(1)．

环境"①。要严格禁止经济领域的垄断和资本无序扩张,提升监管能力,反对不正当竞争行为。建立科学的公共政策体系,形成人人享有的合理分配格局,清理规范不合理收入,坚决取缔非法收入。在高质量发展中实现共同富裕,还要不断满足人民精神生活共同富裕的需求,加强促进共同富裕舆论引导,为促进共同富裕提供良好的舆论环境。聚焦我国社会主要矛盾变化,高质量发展要以满足人民群众日益增长的美好生活需要为出发点和落脚点,把发展成果不断转化为生活品质,坚定不移增进民生福祉,推动坚持生态优先、推动高质量发展、创造高品质生活有机结合。

实现全体人民共同富裕是一个长期的历史过程,是由一个一个具体的现实的阶段性目标渐进达成的。2021年,我国脱贫攻坚战取得了全面胜利,区域性整体贫困得到了解决,完成了消除绝对贫困的艰巨任务,具备了"扎实推进共同富裕"的基础和底气。同时,我们没有任何理由骄矜自满,必须时刻警醒:我国正处于并将长期处于社会主义初级阶段的基本国情没有变,"解决发展不平衡不充分问题、缩小城乡区域发展差距、实现人的全面发展和全体人民共同富裕仍然任重道远"②。我们要根据现有的条件把能做的事情做起来,"坚持循序渐进,对共同富裕的长期性、艰巨性、复杂性有充分估计,鼓励各地因地制宜探索有效路径,总结经验,逐步推开"③。积小胜为大胜,翻开全体人民共同富裕伟大事业的崭新一页。

---

① 习近平主持召开中央财经委员会第十次会议强调 在高质量发展中促进共同富裕 统筹做好重大金融风险防范化解工作 李克强汪洋王沪宁韩正出席.人民日报,2021-08-18(1).
② 习近平.在全国脱贫攻坚总结表彰大会上的讲话.人民日报,2021-02-26(2).
③ 习近平主持召开中央财经委员会第十次会议强调 在高质量发展中促进共同富裕 统筹做好重大金融风险防范化解工作 李克强汪洋王沪宁韩正出席.人民日报,2021-08-18(1).

四、现代化强国的多维价值取向

在全面建设社会主义现代化国家的进程中,除了实现人民美好生活这一最根本的价值目标,还有一些重要的价值理念,为中国社会提供了共同的理想信念和道德规范,表征了最广大人民群众的根本价值追求与实践宗旨,体现了当代中国社会的文化构建和价值选择。这就是党的十八大提出的社会主义核心价值观,即倡导"富强、民主、文明、和谐,自由、平等、公正、法治,爱国、敬业、诚信、友善"。社会主义核心价值观形成于中国特色社会主义的伟大实践中,是对社会主义现实发展的直接反映,是同社会主义基本制度相联系的价值取向。它不仅是中国特色社会主义文化的精髓,也是中国特色社会主义现代化的文化意蕴。作为现代化强国的价值之维,社会主义核心价值观在国家、社会、公民三个层面各有侧重,承载了当今中国社会发展的共同愿景、文化取向与价值追求。在建设中国特色社会主义踏上新征程的历史条件下,考量新时代核心价值观念和社会文化氛围的变化,加强社会主义精神文明建设,坚定文化自信,需要深入理解社会主义核心价值观的科学内涵,探索在全社会范围内积极培育和践行社会主义核心价值观的合理路径,进而凝聚社会共识,形成社会向心力。

富强、民主、文明、和谐是社会主义核心价值观在国家层面的建设目标。一个社会的核心价值观直接影响国家的凝聚力和向心力,关系国家的前途和民族的命运,关系国家的综合实力、对外形象和民族认同。倡导富强、民主、文明、和谐,体现了当前中国的最大国情,是在社会主义建设和改革成果的基础上凝结而成的。这八个字在全面建设社会主义现代化国家的背景下，描绘了中国特色社会主义的美好前景，符合中华民族伟大复兴的共同愿望。

富强是国家富足、民族繁荣，是中国发展建设的首要目标。倡导富强，旨在提高我国经济实力、科技实力、综合国力，实现全体人民共同富裕。只有国家富强了，社会安定和人民幸福才有前提和保障，社会主义建设的根本目的才能够充分实现。民主是社会主义的生命。保障个人的合法利益和民主参与管理社会重大事务的基本权利，使社会发展更合理更有效体现民众的意愿，是人类共同的政治理想。在形成民主的过程中，不同国家在不同的历史时期创造了不同的民主模式。中国特色社会主义民主倡导民主基础上的集中和集中指导下的民主相结合，人民当家作主是创造幸福美好生活的政治保障，人民代表大会制度和政治协商制度是实现人民民主的重要途径。"没有民主就没有社会主义，就没有社会主义的现代化。"[①] 全面建设社会主义现代化国家，必须坚持和发展中国特色社会主义民主政治，使民主成为公共生活的基本样态，展示中国特色社会主义政治制度的独特优越性和强大生命力。文明是社会进步的标志，体现了物质丰裕和精神充实，它植根于现实生活，以物质实践活动为存在和发展的基础。在社会生活中，文明表现在物质、政治、社会、生态、精神等多个层面。这几个层面的文明相互支持、相互促进，是社会现代化的必然选择。和谐勾勒了理想的社会图景，是社会稳定、保持高质量健康发展的基础保证。全面建设社会主义现代化国家，需要促进人与人、人与社会、人与自然的和谐，在全社会形成和谐的文化风尚，为时代发展提供价值取向和精神支点。保证中国发展长治久安，国

---

① 邓小平文选：第2卷.2版.北京：人民出版社，1994：168.

际社会和平发展，需要维护国内环境稳定和国际环境安宁。

自由、平等、公正、法治是社会主义核心价值观在社会层面的现实规定。一个社会的核心价值观体现了社会的共同追求，也是促进社会发展的精神文化向度。倡导自由、平等、公正、法治，折射了当今中国人对理想社会的特质的构想，凝聚了全面建设社会主义现代化国家的精神动力，指向了发展成果更多更好更公平地惠及全体人民的社会。

自由是人们对社会生活的美好向往。中国特色社会主义是追求自由发展的事业，是把人们从教条主义、经验主义和主观主义的束缚中解放出来的事业。具体的自由的实现与中国社会发展阶段和中国国情相一致，保证人们的自由权利，实现人们的社会理想，让全体人民拥有更好的教育、更好的医疗、更满意的收入、更稳定的社会保障、更受尊重的社会地位、更舒适的居住条件、更多的发展机遇，使人民群众的获得感、幸福感、安全感更加强烈，让每一个人都能梦想成真，是中国人自我实现的自觉选择，也是中国社会未来进一步发展的必由之路。平等是现代社会的基石，要求充分保障每一个人的平等参与和平等发展权利，让人们更好地在社会生活中平等协商、平等竞争、平等获益，让现代化建设的成果惠及全体人民。公正是社会发展的根本价值规定，是社会主义的内在要求。新时代坚持和发展中国特色社会主义，必须实际解决影响公平正义的各类社会矛盾，建立公平的社会分配体制，正当分配社会公共利益，保障社会成员的基本利益，健全维护社会公正的制度环境，完善人民群众表达意见的机制。法治是治国理政的基本方式，是社会长治久安的保障。基本建成法治国家、法治政府、法治社会，是2035年基本实现社会主义现代化的远景目标之一。弘扬法治精神，加强法制保障，完善民主法治建设，维护宪法和法律的权威，充分保障人民群众的合法利益，提高全体公民的法律素养，让法治观念深入人心，推动社会主义法治现代化、科学化，以法治保障中国特色社会主义建设成果及其在人民中的公平分配，是实现国家富强、民族振兴和人民幸福的必然要求。

爱国、敬业、诚信、友善是社会主义核心价值观在公民层面的内在要求。一个社会的核心价值观反映了社会对理想公民的设想和要求，勾勒了提升公民道德素养和文化素质的价值目的。倡导爱国、敬业、诚信、友善，是推进公民道德建设、提高社会文明程度的重要途径，体现了践行社会主义核心价值观在公民层面的可行性。

爱国主义精神是中华民族精神的核心，体现了公民对祖国的真挚感情。中华民族之所以能饱经风雨、历经磨难而屹立不倒、愈加富强，一个重要原因就是有一股精神力量凝聚起了亿万中华儿女的共同意志，有一种能够唤醒人们热爱祖国并对祖国的精神文化高度认同的思想态度。爱国主义是支撑几代中国人艰难跋涉、艰苦奋斗的精神力量，在它的指引下，中国人民历经新民主主义革命、社会主义革命和建设、改革开放和社会主义现代化建设等重大历史时期，如今又伴随中国人迈入中国特色社会主义新时代，奔向第二个百年奋斗目标，奔向中国梦的实现。敬业体现了忠于职守的职业精神和使命意识，是社会主义职业道德的本质特征。爱岗敬业具体表现为以主人翁的责任感和艰苦创业精神辛勤劳动，这是中国人民用劳动创造社会财富，实现中国经济跨越式发展，推动中国特色社会主义建设取得辉煌成就的重要保障。通过诚实劳动创造美好生活，应当继续成为新时代中国人从事本职工作的态度，成为劳动者自我实现的精神动力。全社会应当持续保持"劳动最光荣""劳动者最伟大"的社会共识，以昂扬风貌建功立业。诚信是中华民族的传统美德，是人们在现代生活中必须秉持的道德品格，也是现代社会的重要道德原则。诚信是做人之本，是社会交往之本，也是立国之本。社会主义市场经济的发展，要求我们对现代道德精神的内涵做出与时俱进的解释。强调诚实守信，能够以个人道德修养促成社会的诚信体制，贯通私德和公德，也能够提供一种道德资源，通过遵守承诺和履行契约实现市场经济的公平交易。友善能够促进社会和谐，是社会中人与人之间交往的理想准则。友善不仅是个人向善的道德追求，也是社会生活中必备的公共意识。使友好成为交往的常态，使友爱之风吹遍全社会，在友善的道德实践中塑造良好的公共精神，对构建以人为本的和谐社会、实现和谐的现代化强国具有重要意义。

社会主义核心价值观传承了五千年优秀传统文化的价值精髓，发扬了红色革命文化的光荣传统，在经济全球化、文化全球化等世界历史性普遍交往中借鉴吸收了人类文明的共同价值，是对当代中国社会发展理念和实践目标的高度凝练与集中表达，反映了当代中国人价值追求的最大公约数，是我们时代精神气质的主要来源。"十四五"规划的开启，意味着中国特色社会主义实践步入新阶段，社会主义核心价值观必然要紧随时代脉搏，反映全面建设社会主义现代化国家的价值目标。"核心价值观承载着一个民族、一个国家的精神追求，是最持久、最深层的力量。"[1] 在新阶段里，机遇与危机共存，必须重视社会主义核心价值观的积极作用，摆脱现代化发展带来的诸多风险和困难所导致的社会精神危机，充分发挥中国特色社会主义文化的现实力量，以人为本地促进经济、政治、文化、社会、生态协

---

[1] 习近平在北京大学考察时强调 青年要自觉践行社会主义核心价值观 与祖国和人民同行努力创造精彩人生. 人民日报，2014-05-05 (1).

调发展，使中国特色社会主义现代化建设呈现出与时俱进的文化境界。

第二节
实现人民美好生活的现实途径

实现人民美好生活是中国共产党人矢志不渝的奋斗目标，新时代全面建设社会主义现代化国家，必须着力解决社会主要矛盾，尤其是发展不平衡不充分的问题，解决人民群众急难愁盼问题，推动人的全面发展、全体人民共同富裕取得更为明显的实质性进展，以推进全面深化改革为突破口，构建以国内大循环为主体、国内国际双循环相互促进的新发展格局，协同推进人民富裕、国家强盛、中国美丽。

一、以解决社会主要矛盾为抓手

在习近平新时代中国特色社会主义思想"八个明确"中，第二个明确是"明确新时代我国社会主要矛盾是人民日益增长的美好生活需要和不平衡不充分的发展之间的矛盾，必须坚持以人民为中心的发展思想，不断促进人的全面发展、全体人民共同富裕"[①]。这是对我国社会发展阶段和主要

---

① 习近平. 决胜全面建成小康社会 夺取新时代中国特色社会主义伟大胜利：在中国共产党第十九次全国代表大会上的报告. 北京：人民出版社，2017：19.

任务做出的重大政治判断，是新阶段发展中国特色社会主义的基本方略之一，内在包含了以实现人民美好生活为根本目的的价值取向。全面建设社会主义现代化国家，最根本的任务就是解决社会主要矛盾。

党的十九大报告指出："中国特色社会主义进入新时代，我国社会主要矛盾已经转化为人民日益增长的美好生活需要和不平衡不充分的发展之间的矛盾。"[①] 社会主要矛盾的这一转化反映了我国经济社会发展的客观实际，具有充分的理论依据和现实依据，标志着中国特色社会主义进入新时代。社会主要矛盾的转化意味着我国在社会生产和社会需要两个方面发生了重大变化："人民日益增长的美好生活需要"在外延和内涵上远超"物质文化生活"的界定，还包括人民群众对民主法治的向往，对公平正义的追求，对幸福生活、美好生态等的期盼。"不平衡不充分的发展"相对于"落后的社会生产"，生产力水平落后低下的问题很大程度上已经解决，突出的问题是整个发展系统中相对不平衡不充分的状态。"不平衡"指的是区域发展不平衡、城乡发展不平衡、领域发展不平衡、群体之间的不平衡；"不充分"指的是发展质量、效率、效益不足，资源利用不合理，创新能力不足，经济体制机制尚有改善空间，发展动力不充分，等等。这些不平衡不充分的问题相互掣肘，是现阶段社会矛盾和社会问题交织的主要根源。

从当前我国经济社会发展来看，发展不平衡不充分已经成为满足人民日益增长的美好生活需要的主要制约因素。比如，城乡区域发展差距和居民收入差距依然较大，社会收入分配结构不合理；文化、教育、就业、社

---

① 习近平. 决胜全面建成小康社会 夺取新时代中国特色社会主义伟大胜利：在中国共产党第十九次全国代表大会上的报告. 北京：人民出版社，2017：11.

会保障、医疗、住房、食品药品安全等关系群众切身利益的行业和领域问题仍然较多；一些地区的脱贫攻坚面临返贫、返困风险，严重影响共同富裕进程；形式主义、官僚主义、奢靡之风问题树倒根存，反腐败斗争形势依然严峻；环境污染、生态破坏严重影响人民群众的身体健康和生活环境。实现人民美好生活，要从整体架构上协同破解这些不平衡不充分问题。"我们要在继续推动发展的基础上，着力解决好发展不平衡不充分问题，大力提升发展质量和效益，更好满足人民在经济、政治、文化、社会、生态等方面日益增长的需要，更好推动人的全面发展、社会全面进步。"①

必须牢记发展是党执政兴国的第一要务，切实解决好发展问题、分配问题、公平问题。高质量发展是全面建设社会主义现代化国家的首要任务，坚实的物质技术基础是满足人民美好生活需要的根本保障。要坚持创新、协调、绿色、开放、共享的新发展理念，推动新型工业化、信息化、城镇化、农业现代化同步发展，发展更高水平的开放型经济，不断解放和发展生产力，壮大国家经济实力和综合国力。要发展社会主义民主政治，提升国家治理效能，更好地实现人民当家作主的政治诉求，不断激发民众参与政治的积极性，拓宽民众的政治参与渠道。坚持文化产品供给领域的全面深化改革，从文化精品创作、文化管理水平、文化事业发展、文化基础设施建设等各方面解决好人民文化生活需要，培育社会主义核心价值观，提高社会文明程度，着力实现农村基本公共文化服务均等化。要增进民生福祉，提升共建共治共享水平，健全国家公共服务制度体系，实施就

---

① 习近平. 决胜全面建成小康社会 夺取新时代中国特色社会主义伟大胜利：在中国共产党第十九次全国代表大会上的报告. 北京：人民出版社，2017：11-12.

业优先战略,优化收入分配结构,健全多层次社会保障体系,保障妇女、未成年人和残疾人基本权益。要提升生态文明建设整体质量,优化国土空间开发保护格局,推进生产生活方式绿色转型,优化能源资源配置,提高能源资源利用效率,减少污染物排放量,改善生态环境,构建生态安全屏障,让城乡人居环境更加美丽。要构建基层社会治理新格局,健全防范化解重大风险体制机制,增强突发公共事件应急能力,提升自然灾害防御水平,发展安全保障更加有利,让人民群众的生活更具安全感。

二、以全面深化改革为突破口

全面深化改革是"四个全面"战略布局中具有突破性和先导性的关键环节,是决定中国命运的关键一招。党的十八大以来,以习近平同志为核心的党中央立足改革全局,形成改革开放以来最为丰富、全面、系统的改革方法论,为新时代全面深化改革注入了崭新内涵,指引了新时代全面深化改革的壮丽航程。全面深化改革是一项复杂性的、系统性的、全局性的改革,涉及经济、政治、文化、社会、生态、党的建设等多个领域,涵盖思想、理论、制度、体制机制等多重层面。"既要往有利于增添发展新动力方向前进,也要往有利于维护社会公平正义方向前进"[①],这是改革的前进方向和价值导向。坚持以人民为中心,不断实现人民对美好生活的向往,这是改革的本质属性与根本目的。新时代坚持和发展中国特色社会主义,推进社会主义现代化建设,实现人民美好生活,突破口是全面深化改革。

---

① 习近平谈治国理政:第2卷. 北京:外文出版社,2017:103.

改革是一场深刻革命,全面深化改革是解决中国现实问题的根本途径。全面深化改革是社会主义改革实践在新时代历史性展开的运动过程,其鲜明的时代特征在于,发展中的问题和发展后的问题、一般矛盾和深层次矛盾、有待完成的任务和新提出的任务交织叠加、错综复杂。也就是说,改革进程中的矛盾只能通过改革来解决,"改革是由问题倒逼而产生,又在不断解决问题中得以深化"①。旧的问题解决了,新的问题又会产生。改革不可能一蹴而就,也不可能一劳永逸。破解发展中面临的各种难题,化解各方面的风险挑战,促进全社会各方面协调可持续进步,全面提高人民生活水平,必须依靠全面深化改革。

在建设社会主义现代化进程中推进全面深化改革,首要讲的是"全面"。"全面者,就是要统筹推进各领域改革,就需要有管总的目标,也要回答推进各领域改革最终是为了什么、要取得什么样的整体结果这个问题。"② 随着改革程度的加深和经济社会水平的发展,改革的整体性及其内在规律,各领域、各环节改革之间的关联性和关联机制的重要性凸显出来,协调好、配套好各领域、各环节改革,发挥改革的总体效应也尤为重要。过去一段时间,我们在单一领域内部推动改革,在各个领域内部指定改革规划。这种分头推进式的改革也讲全面,但是这是分散的、不系统的改革,一个领域出现了问题,便会牵一发而动全身,领域之间相互牵制的问题就会显露出来。新时代全面深化改革之"全面",意味着经济、政治、文化、社会、生态等领域的改革不是孤立存在的,各个领域的体制改革都是整个体制改革的不同侧面或者不同组成部分,都是国家治理体系和治理能力现代化建设的

---

① 习近平. 论坚持全面深化改革. 北京:中央文献出版社,2018:27.
② 习近平. 论坚持全面深化改革. 北京:中央文献出版社,2018:88.

一个局部,也就是党领导下治理国家的制度体系的一个布局。党的十九届五中全会着重强调"坚持系统观念"[①],总体而言,就是要更深刻、更精准地把握作为一个整体的国家治理体系的内在结构和内在规律,在实践中加强各个领域改革的联动和集成,实现改革的系统性、整体性和协同性。

党的十八届三中全会提出了关于全面深化改革的党的总体思路和路线图,明确了全面深化改革的主要内容,突出了改革的全面性,也明确了改革的重点和主轴,使全面深化改革的顶层设计、优先顺序、重点领域、关键环节一目了然:紧紧围绕使市场在资源配置中起决定性作用深化经济体制改革;紧紧围绕坚持党的领导、人民当家作主、依法治国有机统一深化政治体制改革;紧紧围绕建设社会主义核心价值体系、社会主义文化强国深化文化体制改革;紧紧围绕更好保障和改善民生、促进社会公平正义深化社会体制改革;紧紧围绕建设美丽中国深化生态文明体制改革;紧紧围绕提高科学执政、民主执政、依法执政水平深化党的建设制度改革。其中经济体制改革是重点,能够对全面深化改革起到牵引作用[②]。

经济体制改革的核心问题是处理好政府和市场的关系。要全面深化改革,构建高水平社会主义市场经济体制,"坚持和完善社会主义基本经济制度,充分发挥市场在资源配置中的决定性作用,更好发挥政府作用,推动有效市场和有为政府更好结合"[③]。具体而言,就是要激发各类市场主体活力,加快国有经济布局优化和结构调整,推动国有企业完善中国特色现

---

① 中共中央关于制定国民经济和社会发展第十四个五年规划和二〇三五年远景目标的建议. 人民日报,2020-11-04 (1).
② 中国共产党第十八届中央委员会第三次全体会议文件汇编. 北京:人民出版社,2013:21.
③ 中共中央关于制定国民经济和社会发展第十四个五年规划和二〇三五年远景目标的建议. 人民日报,2020-11-04 (1).

代企业制度，健全以管资本为主的国有资产监督体制，优化民营企业发展环境，促进民营企业高质量发展；建设高标准市场体系，全面完善产权制度，推进要素市场化配置改革，强化竞争政策基础地位，健全社会信用体系；健全现代财税金融体制，加快建立现代财政制度，完善现代税收制度，深化金融供给侧结构性改革；提升政府经济治理能力，完善宏观经济治理，构建一流营商环境，推进监管能力现代化。

全面深化改革，必须坚持不断深化。深化改革是问题导向和目标导向的统一。前者是指改革要解决具体的问题，改革进入深水区，要有急流险滩敢闯、硬骨头敢啃的精神。后者指的是改革是否遵循了全面深化改革的总体思路和路线图，是否朝着完善和发展中国特色社会主义制度、推进国家治理体系和治理能力现代化的总目标推进，是否统一于现代化建设的总进程。在具体落实的层面上，要看经济体制改革是否有利于充分发挥市场在资源配置中的决定性作用，更好发挥政府作用，有利则是深化，不利则不然；政治体制改革是否紧紧围绕坚持党的领导、人民当家作主和依法治国，使人民群众齐心协力，推进改革大局，有则是深化，无则不然；社会体制改革是否有利于保障和改善民生，促进社会公平正义，有利则是深化，不利则不然；文化体制改革是否迈上新台阶，公共文化服务体系和文化产业体系是否更加健全，文化事业和文化产业是否更加繁荣，是否更有利于提升国家文化软实力，有则是深化，无则不然；生态体制改革是否有利于实施可持续发展战略，构建生态文明体系，促进经济社会发展全面绿色转型，建设人与自然和谐共生的现代化，有利则是深化，不利则不然。

推进全面深化改革，要坚持正确的方法论。在社会主义国家推进全面深化改革是一项前无古人的事业，没有任何的直接经验可以借鉴遵循。在新时代推进改革不断深化，把握全面深化改革的内在规律，要实现解放思想和改革开放相互激荡，观念创新和实践探索相互促进，与此同时，坚持实事求是的思想路线。要处理好整体推进和重点突破的关系，从纷繁复杂的事物表象中找准改革脉搏，一子落下满盘皆活。要坚持摸着石头过河和加强顶层设计的统一，习近平指出："摸着石头过河和加强顶层设计是辩证统一的，推进局部的阶段性改革开放要在加强顶层设计的前提下进行，加强顶层设计要在推进局部的阶段性改革开放的基础上来谋划。要加强宏观思考和顶层设计，更加注重改革的系统性、整体性、协同性，同时也要继续鼓励大胆试验、大胆突破，不断把改革开放引向深入。"[1]

全面深化改革是否改得对、改得有成效，关键要看是否坚持了以人民为中心的价值取向。老百姓关心什么、期盼什么，改革就要抓住什么、推进什么，老百姓烦心什么、头疼什么，改革就要加强什么、改正什么，要从人民群众实际关切中汇集改革的题目。人民群众是历史的创造者，是社会发展的实践主体，更是全面深化改革的主角，必须尊重人民群众的首创精神，发挥广大人民群众的积极性、主动性和创造性，从亿万人民群众的实践和智慧中提炼改革的思路。人民群众是阅卷人，改革成果必须经过人民群众的检验，让人民群众打分，只有这样才能真正决定改革是否促进了经济发展、社会公平正义、人民生活改善。

三、以构建新发展格局为统领

构建以国内大循环为主体、国内国际双循环相互促进的新发展格局，

---

[1] 习近平谈治国理政：第1卷.2版.北京：外文出版社，2018：68.

是党中央深刻把握我国新发展阶段、新历史任务、新内外环境、新条件变化做出的重大决策，是一项关系中国特色社会主义现代化建设全局的重大战略任务，也是我们在全面建设社会主义现代化国家新征程中把握未来发展主动权的先手棋。党的十九届五中全会将构建新发展格局写入《中共中央关于制定国民经济和社会发展第十四个五年规划和二〇三五年远景目标的建议》，并做出一系列重要部署。这是对"十四五"乃至未来更长时期内我国经济社会发展战略、发展路径和发展着力点的重大调整，对于深化供给侧结构性改革，加快建设现代化经济体系，推动经济结构优化，克服不稳定不确定因素，提高发展质量和效益，具有重要意义。构建新发展格局是事关全局的系统性、深层次变革，是立足当前、着眼长远的战略谋划。党的二十大报告指出，必须完整、准确、全面贯彻新发展理念，坚持社会主义市场经济改革方向，坚持高水平对外开放，加快构建以国内大循环为主体、国内国际双循环相互促进的新发展格局。适应人民群众需求变化，努力办好各项民生事业，让老百姓的日子越过越好，是社会主义生产的根本目的。提高人民生活品质，是畅通国内大循环的出发点和落脚点，也是国内国际双循环相互促进的关键联结点。总的来说，就是要以构建新发展格局为统领，在新时代建设以提高人民生活水平为根本目的的现代化。

构建新发展格局，是我国进入新发展阶段的必然要求，也是与时俱进提升我国经济发展水平、塑造我国国际经济合作和竞争新优势的战略抉择[①]。发展格局涉及经济结构布局、产业发展方向、市场体系运行、内外

[①] 习近平. 关于《中共中央关于制定国民经济和社会发展第十四个五年规划和二〇三五年远景目标的建议》的说明. 人民日报, 2020 - 11 - 04 (2).

贸易导向等众多方面，改革开放以来，我国经济发展格局始终同社会发展的阶段性特征相匹配。我国经过了改革开放以来几十年的物质财富积累，社会主要矛盾发生了转化，步入了新发展阶段，当前和今后一个时期，我国发展仍旧处于重要战略机遇期，机遇和挑战都有新变化。

构建新发展格局，要把握好新发展格局的基本特征。一是以国内大循环为主体。"构建新发展格局的关键在于经济循环的畅通无阻。"① 新发展格局不是在国内循环和国际循环上同等发力，而是以国内大循环为主体，在畅通国内大循环的基础上带动国内国际双循环。针对资源配置效率低、经济体系运转不协调、经济生态链断裂等问题，把实施扩大内需战略同深化供给侧结构性改革有机结合起来，以创新驱动、高质量供给引领和创造新需求，破除制约要素合理流动的堵点，联通经济循环的断裂点，贯通生产、分配、流通、消费各环节，形成国民经济良性循环。以国内循环为主导、国内供需为主体、国内市场为主体，自主创新、自力更生，即"构建新发展格局最本质的特征是实现高水平的自立自强"②。二是国内国际双循环互促共进。一方面，依托国内经济循环体系形成对全球要素资源的强大引力场，更加充分合理有效利用国际国内两个市场、两种资源，以国际循环提升国内大循环的效率和水平；另一方面，立足国内大循环，协同推进强大国内市场和贸易强国建设，提升我国对世界产业链供给的技术含量和质量标准，以国内循环为国际循环提供便利，实现国内国际双循环相互促进，实现中国国民经济的良性循环和高质量发展，同时促进世界经济的良

---

① 习近平在省部级主要领导干部学习贯彻党的十九届五中全会精神专题研讨班开班式上发表重要讲话强调 深入学习坚决贯彻党的十九届五中全会精神 确保全面建设社会主义现代化国家开好局 李克强主持 栗战书汪洋王沪宁赵乐际韩正王岐山出席．人民日报，2021-01-12 (1).

② 习近平．把握新发展阶段，贯彻新发展理念，构建新发展格局．求是，2021 (9)：16.

性循环和稳定发展。为了确保国内国际两个循环比例健康，也要持续推进农业农村现代化。实现农业农村现代化是全面建设社会主义现代化国家的重大任务，是解决发展不平衡不充分问题的必然要求。民族要复兴，乡村必振兴。满足人民美好生活需要，离不开农业发展；全面建成社会主义现代化强国，农业强国是重要组成部分。城乡经济循环是国内大循环的重要方面，要把解决好"三农"问题和全面实施乡村振兴战略贯穿于构建新发展格局的系统性工程中，实现巩固拓展脱贫攻坚成果同乡村振兴有效衔接，推动农业供给侧结构性改革，保障粮食和重要农产品稳定安全供给。

面对国际国内各种不利因素的长期性、复杂性，把自己的事情办好最关键。全面提升科技创新能力、创新驱动发展，建设高标准市场体系、畅通国内大循环，全面促进消费、拓展投资空间，持续深化改革开放、开拓合作共赢新局面，是"十四五"时期构建新发展格局的主要途径。必须认真贯彻落实党的十九届五中全会精神，推进各方面工作落实。

坚持创新驱动发展，全面塑造发展新优势，是构建新发展格局的战略支撑。改革创新是发展的根本动力，《中共中央关于制定国民经济和社会发展第十四个五年规划和二〇三五年远景目标的建议》对科技创新做出了专门部署，强调"坚持创新在我国现代化建设全局中的核心地位，把科技自立自强作为国家发展的战略支撑"[1]，凸显了科技创新在新发展格局中的核心地位。掌握新科技及其主动权，就能够获得国际上的科技控制权和主导权。习近平指出："提升自主创新能力，尽快突破关键核心技术，是构

---

[1] 中共中央关于制定国民经济和社会发展第十四个五年规划和二〇三五年远景目标的建议. 人民日报，2020-11-04（1）.

建新发展格局的一个关键问题。"① 我国核心技术相对世界一流水平仍处于落后地位，导致经济发展受到限制和约束，为此"要对标世界一流，加强前沿探索和前瞻布局，加大关键核心技术攻坚力度"②。这是保障我国经济发展安全，提升我国经济发展的竞争力、控制力和领导力的必然途径。"十四五"规划纲要对创新驱动发展做出了具体安排，要求强化国家战略科技力量，提升企业技术创新能力，激发人才创新活力，完善科技创新体制机制。这些措施不仅关系到国内大循环的畅通，也关系到更好参与国际循环，进而关系到构建新发展格局的效率和质量。

建设一个公平开放、竞争有序、高效规范，同发展阶段相匹配、同世界高水平市场体系相对标、符合各方期待的高标准市场体系，是畅通国内大循环的基础。《中共中央关于制定国民经济和社会发展第十四个五年规划和二〇三五年远景目标的建议》提出"社会主义市场经济体制更加完善，高标准市场体系基本建成，市场主体更加充满活力，产权制度改革和要素市场化配置改革取得重大进展，公平竞争制度更加健全"的目标③，这就要求我们弥补目前我国市场体系建设方面的缺陷和短板。在具体措施上，要打破行业垄断和地方保护，破除妨碍生产要素市场配置和商品服务流通的体制机制障碍，降低全社会交易成本，优化经济布局和产业门类关系协调，推动知识产权保护从追求数量向追求高质量转变，加强市场监管，强化反垄断和防止资本无序扩张，反对不正当竞争，营造统一公平市场。

---

① 习近平. 在教育文化卫生体育领域专家代表座谈会上的讲话. 人民日报，2020 - 09 - 23 (2).
② 习近平在安徽考察时强调 坚持改革开放坚持高质量发展 在加快建设美好安徽上取得新的更大进展. 人民日报，2020 - 08 - 22 (1).
③ 中共中央关于制定国民经济和社会发展第十四个五年规划和二〇三五年远景目标的建议. 人民日报，2020 - 11 - 04 (1).

在全面促进消费的同时拓展投资空间，能够形成促进国内大循环的强大合力。消费对经济发展具有基础性作用，顺应消费升级趋势，提升传统消费，培育新型消费，适当增加公共消费，是新时期增进消费环节推动力量的政策取向。在传统消费领域，尤其是在汽车和住房方面，消费模式应该转向新模式新业态，转向绿色、健康、安全发展。前者面临产业提质升级和消费者主动选择更新换代的重大机遇；后者需向多主体供应、多渠道保障、租购并举的方向稳步前进，在满足新增住房需求的同时，也要关注老旧小区更新、老房改造等居住改善市场的潜在空间。在新型消费领域，放宽文化、旅游、养老、家政等服务型消费领域市场准入，培育互联网医疗、在线教育、在线娱乐等消费新形态，开拓城乡消费市场，健全现代流通体系，发展无接触交易服务，降低企业流通成本。公共消费对激发社会消费意愿、带动恢复市场活力具有"杠杆效应"，除了特殊时期的应急性刺激措施，要聚焦教育、医疗、养老、育幼、公共卫生等短板领域，为人民群众提供更加优质的公共服务和产品。投资对优化供给结构有关键性作用，要优化投资结构，保持投资合理增长，拓展投资空间。补齐基础建设、民生保障等领域短板，推进重大工程建设，支持有利于城乡区域协调发展的重大项目建设。发挥政府投资撬动作用，激发民间投资活力，形成市场主导的投资内生增长机制。

持续深化改革开放，是构建新发展格局的战略保障。习近平指出："推动更深层次改革，实行更高水平开放，为构建新发展格局提供强大动力。"[1] 全面深化改革，能够从根本上破解制约构建新发展格局的体制机制

---

① 习近平主持召开中央全面深化改革委员会第十五次会议强调 推动更深层次改革实行更高水平开放 为构建新发展格局提供强大动力 李克强王沪宁韩正出席．人民日报，2020 - 09 - 02（1）．

问题，化解阻碍构建新发展格局的制度、理念和利益矛盾，打通经济系统中体制机制上的堵点瘀点，推动经济发展更加协调有序、安全高效，经济系统运转更加顺畅，发展的质量和效益不断提升。高水平对外开放是推动国内国际双循环相互促进的重要途径，要围绕高水平对外开放深化改革，"稳步推进规则、规制、管理、标准等制度建设，完善市场准入和监管、产权保护、信用体系等方面的法律制度"[①]，推动建设更高水平开放型经济新体制。除此之外，还要积极参与全球经济治理体系改革，推动新兴领域经济治理规则制定，不断提高我国对外开放的层次、水平、质量，提高在对外经济循环中的话语权、决定权，促使形成更加公平合理的国际经济治理体系，培育良好的国内外经济发展环境。

---

① 习近平主持召开中央全面深化改革委员会第十八次会议强调 完整准确全面贯彻新发展理念 发挥改革在构建新发展格局中关键作用 李克强王沪宁韩正出席．人民日报，2021－02－20（1）．

第三章

现代化新征程面临的挑战和价值问题

以人民为中心、实现共同富裕是现代化进程的价值指归，而在理想与现实的对立统一中，新时代的中国发展与世界变局都对现代化进程提出了新问题和新挑战。一方面是来自客观外部环境的挑战。如何在错综复杂的国际环境中实现中华民族伟大复兴？如何在新历史境遇中实现中国高质量发展的目标？另一方面是来自主体诉求的变化。新时代新阶段揭示了社会现状的历史性变革，社会主体的需要也随之变化。对美好生活的向往是新时代中国人民的价值需要，在自身改革和建设中推动人与社会的全面发展以及共同富裕是新时代中国共产党的价值目标。因而，如何在新阶段协调现实与理想、需要与可能之间的矛盾，是现代化进程中的重要价值问题。基于价值需要、价值目标的价值选择，是理解现代化进程的重要主体维度，也是影响中国式现代化道路方向的关键因素。因而，基于"两个大局"的新时代背景，我们需要对现代化进程的问题与挑战进行价值分析，在主体与客体的统一中敞开中国式现代化的重要内涵和价值意谓。

第一节

正确把握"两个大局"中的价值问题和解决路径

习近平总书记在党的十九届五中全会上的讲话中指出，全党要统筹中华民族伟大复兴战略全局和世界百年未有之大变局，深刻认识我国社会主要矛盾变化带来的新特征新要求，深刻认识错综复杂的国际环境带来的新矛盾新挑战。"两个大局"是实现第二个百年奋斗目标的战略背景，也是开启全面建设社会主义现代化国家新征程的时代背景。因此，要在中华民族伟大复兴战略全局中把握现代化进程的意义，在世界百年未有之大变局中把握中国现代化的战略选择。

一、中华民族伟大复兴战略全局与现代化进程的意义

实现中华民族伟大复兴的基本内涵就是实现国家富强、民族振兴、人民幸福。伟大复兴的中国梦承载着近现代中国社会的历史发展进程，是历经了繁盛与落后而生发的民族情感。为实现这一伟大梦想，中国共产党明确提出了"两个一百年"奋斗目标。我们正处于为第二个百年目标奋斗的不可逆的历史中，习近平总书记在党的二十大报告中将实现现代化的第二个百年目标分为两个阶段，在基本实现社会主义现代化的基础上建成富强民主文明和谐美丽的社会主义现代化强国。社会主义现代化强国的百年奋斗目标进一步表明了中华民族伟大复兴的主要内容，尽管现代化过程与中华民族伟大复兴不完全相同，但就两者的实现路径及价值目标而言，在本质上是同一过程。

在战略布局上，首先，中华民族伟大复兴与社会主义现代化共同内蕴于坚持和发展新时代中国特色社会主义道路中。中国特色社会主义道路是中华民族实现伟大复兴与建设现代化的正确方向，因而坚持和发展中国特色社会主义是共同的道路和制度基础。习近平总书记在党的十九大报告中指出，坚持和发展中国特色社会主义的总任务就是实现社会主义现代化和中华民族伟大复兴。在党的二十大报告中指出，中国共产党的中心任务就

是团结带领全国各族人民全面建成社会主义现代化强国、实现第二个百年奋斗目标，以中国式现代化全面推进中华民族伟大复兴。这在战略安排上更加表明中国特色社会主义与社会主义现代化、中华民族伟大复兴之间的历史同一性，中国特色社会主义道路是现代化的必由之路，也是实现中华民族伟大复兴的正确道路。其次，现代化建设的时间线与中华民族伟大复兴是同一过程。中华民族伟大复兴具体化在"两个一百年"奋斗目标之中，"两个一百年"奋斗目标最终也体现在社会主义现代化的建设上。"十四五"时期作为"两个一百年"奋斗目标的历史交汇期，开启了全面建设社会主义现代化国家新征程，进一步指明了中华民族伟大复兴进入新阶段。

在历史维度上，中华民族伟大复兴与现代化进程具有历史同一性，要从历史、现实与未来的统一中理解中华民族伟大复兴与现代化是同一过程。习近平总书记在庆祝中国共产党成立 100 周年大会上的讲话中指出："一百年来，中国共产党团结带领中国人民进行的一切奋斗、一切牺牲、一切创造，归结起来就是一个主题：实现中华民族伟大复兴。"[1] 中国共产党带领中国人民所进行的人民解放与国家独立的革命斗争，确立了符合中国国情与人民需要的社会主义制度，为实现中华民族的伟大复兴奠定了制度基础。而改革开放以来社会主义制度不断完善的过程是中国社会全面变革的阶段，尤其是党的十八大以来的新时代发展无不表明我们正不断向着实现中华民族伟大复兴的宏伟目标迈进。中华民族伟大复兴的历史进程包含着中国现代化的进程，民族独立与人民解放是现代化建设的基础，而没有现代化的建设，也就没有中华民族从站起来、富起来到强起来的中国特

---

[1] 习近平. 在庆祝中国共产党成立 100 周年大会上的讲话. 人民日报，2021 - 07 - 02（2）.

色社会主义。因而，百余年的复兴史是中国逐步现代化的过程，而社会主义现代化也是中华民族走向复兴的过程。

在价值意义上，中华民族伟大复兴战略全局与现代化在坚持和发展社会主义道路的过程中相辅相成。其一，社会主义现代化是中华民族伟大复兴的客观要求和必然选择。一个民族伟大复兴的基础就是生产力的快速发展，对于中国而言，现代化道路的选择是中国迈入世界历史发展进程的必然选择，也是中国发展生产力的必由之路。中国现代化首先体现在生产力的变革上，农业现代化、工业现代化为实现社会全方位变革提供了物质基础。"十四五"规划所提出的全面建设社会主义现代化也进一步表明中国式现代化的全面性。由现代化进程所推动的生产力、制度、社会、生态等全方位的现代化进一步奠定了民族复兴的物质基础和制度保证。其二，中华民族的伟大复兴与现代化统一于国家富强、民族振兴、人民幸福的价值目标中。习近平总书记在第十二届全国人民代表大会第一次会议上指出，"实现全面建成小康社会、建成富强民主文明和谐的社会主义现代化国家的奋斗目标，实现中华民族伟大复兴的中国梦，就是要实现国家富强、民族振兴、人民幸福"[1]。一方面，中华民族伟大复兴是一个抽象的理想信念，而现代化是具体的现实过程，体现在社会变革的各个层面，社会主义现代化以中华民族伟大复兴为主要目标。另一方面，中华民族伟大复兴与现代化的进程最终都服务于人与社会的全面发展。富强民主文明和谐美丽的社会主义现代化强国意味着经济、政治、文化、社会、生态的全面现代化，意味着社会的全面发展，而这一发展过程最终是以人民群众的共同富

---

[1] 习近平. 在第十二届全国人民代表大会第一次会议上的讲话. 人民日报, 2013-03-18 (1).

裕和人的全面发展为共同目标的。

全面建设社会主义现代化的进程就是实现中华民族伟大复兴的道路,而中华民族伟大复兴的道路就是由中国特色社会主义开创的中国式现代化新道路。一方面,我们要在现代化的实践路径中把握中华民族伟大复兴远大目标的现实性与可能性;另一方面,我们要在中华民族伟大复兴战略全局中深刻理解现代化道路的历史性与时代性。正如马克思、恩格斯在《德意志意识形态》中表明的:"共产主义对我们来说不是应当确立的**状况**,不是现实应当与之相适应的**理想**。我们所称为共产主义的是那种消灭现存状况的**现实的**运动。这个运动的条件是由现有的前提产生的。"① 中华民族伟大复兴战略全局和伟大梦想不是静止的、抽象的理想,而是一个基于现实前提不断运动的现实过程,这一过程体现在现代化的进程中。社会主义的现代化建设把宏伟的理想目标具体化在社会发展的每一个阶段,从基本现代化的实现到社会主义现代化强国建设的完成,不断推进中华民族伟大复兴的现实进程。中华民族伟大复兴战略全局赋予了现代化过程历史使命和时代特色。实现中华民族伟大复兴的奋斗路程意味着这是一条具有中国特色的道路,是符合中国国情的现代化道路,是不同于资本主义社会现代化的社会主义现代化道路。由中国特色社会主义开创的中国式现代化新道路内蕴着中华民族的价值判断和价值选择,这也进一步体现在世界百年未有之大变局中的中国现代化的战略选择中。

二、世界百年未有之大变局与中国现代化的战略选择

百年未有之大变局的世界形势是中国全面建设社会主义现代化国家的

---

① 马克思恩格斯文集:第 1 卷. 北京:人民出版社,2009:539.

客观时代背景。如何构建中国与国际的关系？如何在新历史境遇中实现中国的价值目标？不同的价值判断与价值选择影响着中国现代化的方向和道路，而这种价值选择中所蕴含的价值观念与价值原则就是中国式现代化新道路与西方资本主义现代化道路的本质区别。

生产力变革是世界变局的核心因素，经济力量对比的变化改变了二战以来以资本主义国家为中心的国际格局。由经济发展带来的政治力量变化加速了世界局势的变化。而其中最为主要和明显的变量在于中国的崛起，因改革开放快速发展的中国已经跻身为世界第二大经济体，并且日益发挥着重要的国际影响力。由于资本自身的矛盾，日益全球化的生产体系限制了资本增殖的速度，生产力变革带来的主权国家经济实力与政治实力格局的变化也打破了旧世界格局的利益平衡，这是世界变局为何为百年未有的关键因素。社会主义国家的崛起改变了资本主义社会占据主导地位的国际格局，多极化的发展也日益挑战着单边主义的国际治理体系。国际局势致使主权国家开始转变国际战略与国家对外关系，尤其是资本主义国家为维护国内资本利益选择单边主义、保护主义或者霸权主义等，为保持和维护国际主导权而造成全球治理的失衡。以牺牲其他国家利益来维护国际主导权的霸权主义战略，以资本增殖和积累为原则的逆全球化选择，清晰表明了资本主义社会内在的价值基础和价值原则。资本主义社会的最初崛起是以流血的资本原始积累为开端，通过暴力手段剥夺劳动者的生产资料，"对他们的这种剥夺的历史是用血和火的文字载入人类编年史的"[①]。以资本为原则的资本主义现代化道路始终维护的是资本家利益以及有利于资本

---

① 马克思恩格斯文集：第5卷. 北京：人民出版社，2009：822.

增殖的国际秩序和国际主导权。

　　国家和地区的利益与立场不同，进而处理国家与世界关系的价值选择和价值策略也各自不同，造就了世界变局的复杂性和不稳定性。冲突与矛盾带来的挑战和风险影响着世界历史的发展态势，使人类社会的生存与发展也充满了不确定性。尤其是中美关系的日益紧张，使世界局势也日益紧张。国家利益与人类生存问题的冲突进一步表现为不同民族与主权国家之间价值观念的冲突、人类与自然之间的矛盾。这无不影响着中国现代化的进程，也影响着中华民族伟大复兴梦想的实现。如何在世界百年未有之大变局中实现和维护中华民族的利益，如何在紧张局势中带领人民实现共同富裕的价值目标，关键在于如何辩证看待世界变局，如何把握机遇"在危机中育先机、于变局中开新局"。坚持和平发展的现代化道路是顺应世界与中国发展大势的必然选择。中国式现代化遵循和平与发展的时代主题，选择了不同于西方资本主义社会的现代化道路。由资本主义生产方式开启的世界历史进程是资本发展的必然趋势，由其所促成的普遍的生产与全面的生产关系也是资本的历史使命。因而，全球化的纵深推进不是人为因素可以改变的，是不可逆的历史必然。坚持和平发展的道路是推动全球化发展的必然选择，也是遵循历史客观规律的现实表现。而中国社会主义现代化离不开和平的国际环境，为了营造良好的国际合作关系，中国提出构建新发展格局的理念。习近平总书记在《关于〈中共中央关于制定国民经济和社会发展第十四个五年规划和二〇三五年远景目标的建议〉的说明》中指出，构建新发展格局是塑造我国国际经济合作和竞争新优势的战略抉择。面对复杂国际环境，为了防范各种风险，以推动高质量发展为主题的现代化道路能够提升国家综合实力，提高国际竞争力和防范风险的各种能力，保证经济的平稳运行。

国内与国际双向循环和双向促进是面向日趋复杂的国际局势的战略选择，而这种战略选择是合规律性与合目的性的统一。合规律性是一种客观性与科学性，中国式现代化新道路是符合社会历史必然趋势、符合中国社会发展阶段的必然选择。这意味着中国式现代化道路具有现实性和科学性，而非不切实际的抽象的空想。这种合规律性更深层次地体现在现代化道路的价值原则上，它以中华民族和人民群众的价值诉求为价值目标和价值选择的出发点。其一，中国式现代化新道路是以中华民族伟大复兴的国家利益为中心的；其二，中国式现代化新道路以维护人民群众的利益为出发点，以实现共同富裕为价值目标，富强民主文明和谐美丽的社会主义现代化强国最终是为了满足人民对美好生活的需要。习近平总书记在中央财经委员会第十次会议上发表重要讲话强调，"共同富裕是社会主义的本质要求，是中国式现代化的重要特征，要坚持以人民为中心的发展思想，在高质量发展中促进共同富裕"[①]。合规律性与合目的性的统一决定了社会主义现代化道路在本质上不同于资本主义社会的现代化道路。

习近平总书记在庆祝中国共产党成立100周年大会上的讲话中指出："我们坚持和发展中国特色社会主义，推动物质文明、政治文明、精神文明、社会文明、生态文明协调发展，创造了中国式现代化新道路，创造了人类文明新形态。"[②] "新道路"与"新形态"直接表明了不同于西方现代化的道路选择，也表明了现代化道路选择的多样性。中国式现代化新道路是中国特色社会主义的，是利用资本、驾驭资本的现代化。处于"以**物的**

[①] 习近平主持召开中央财经委员会第十次会议强调 在高质量发展中促进共同富裕 统筹做好重大金融风险防范化解工作 李克强汪洋王沪宁韩正出席. 人民日报, 2021 - 08 - 18 (1).

[②] 习近平. 在庆祝中国共产党成立100周年大会上的讲话. 人民日报, 2021 - 07 - 02 (2).

依赖性为基础的人的独立性"① 的人类社会发展阶段中，资本主义的现代化是资本的现代化，加深了人对物的依赖，更广泛地增强了物控制人的社会权力。社会主义的现代化道路不是摒弃和废除资本，而是在利用资本发挥其促进生产力变革的基础上将资本规制在一定的界限内，资本的目的不在于资本的积累与积聚，而在于为人与社会的全面发展积累物质基础。这也就决定了社会主义现代化道路是全面的整体的现代化，是为满足人民美好生活需要而进行的物质、政治、精神、社会和生态的全面现代化。马克思的社会主义或者共产主义概念是以全人类的生存与发展为关照对象，以实现全人类的解放为价值目标。以人的现代化为价值目标的中国式现代化新道路虽然具有特殊性，但是已经超越了资本主义现代化零和博弈的霸权逻辑，蕴含着和平发展、共同发展的文明形态。由中国自主探索和创造的现代化新道路为世界独立国家现代化道路提供了新经验和新选择，打破了现代化就是西方化、资本化的选择图式，拓宽了现代化的实现路径。

第二节

正确认识现代化进程中的复杂矛盾

处于"两个一百年"奋斗目标历史交汇点上的"十四五"时期昭示了

---

① 马克思恩格斯文集：第8卷. 北京：人民出版社，2009：52.

我国发展的新阶段,"是我国在全面建成小康社会、实现第一个百年奋斗目标之后,乘势而上开启全面建设社会主义现代化国家新征程、向第二个百年奋斗目标进军的第一个五年"①。现代化新征程的开启是基于小康社会的全面建成,因而现代化新征程是在新时代与新阶段的一种接续改革,是在新的发展环境与实践需要中解决社会各领域的新问题和新矛盾。社会主要矛盾带来的新变化、新特征与新要求表明了我国社会发展的不平衡不充分问题突出,错综复杂的国际环境也为中国现代化进程带来了新矛盾与新挑战。这种矛盾体现在价值观念与价值关系的冲突与对立上。客观的经济发展状况与发展环境带来的新矛盾是现代化进程中必然存在的,客观现实生产与主观现实诉求之间的张力使新阶段的矛盾与问题更加凸显。新阶段下人们的需要层次不断提高,由物质需要转变为更高层次的精神需要,由生存需要转变为自我实现的发展需要,因此对政治、文化、生态、社会等方面的需求质量提高。面对人民群众不断提高的需要,党在自身建设与理想目标上不断提出新问题、进行新变革。社会发展的问题、不同社会主体之间的价值诉求问题,以及这种需要与现实之间的矛盾问题共同决定了社会主义现代化进程中存在的错综复杂的利益关系和矛盾冲突。

一、现代价值与传统价值的矛盾

价值通常表现在不同的社会价值观念上,但实际上它是由现实的价值关系所决定的。价值矛盾与冲突取决于由社会条件所决定的不同主体的价值立场和价值选择。价值主体不是孤立的抽象的人,而是真实的处于一定

---

① 习近平. 关于《中共中央关于制定国民经济和社会发展第十四个五年规划和二〇三五年远景目标的建议》的说明. 人民日报, 2020 - 11 - 04 (2).

社会历史实践活动中的现实个人,"是处在现实的、可以通过经验观察到的、在一定条件下进行的发展过程中的人"①。因而,价值问题具有一种社会历史性,它体现在不同社会历史发展过程中,也体现在同一时空中的不同社会主体之间。传统与现代的矛盾是价值社会历史性的重要问题,随着客观条件的变化,主体的价值选择与价值判断也会发生变化。主客体之间的价值关系在不同社会阶段具有不同表征,表现了不同社会历史阶段客体的发展以及主体的价值需求,因而传统价值与现代价值之间的矛盾变化具有一种客观性。

现代化既表现为一种对传统思想与文明的超越,也表现为对经济、政治、文化、社会、生态等传统社会实践的超越。社会存在的变革最终在价值观念的变革上呈现出来,因而现代与传统的价值矛盾,也要从当下的社会生产条件变化谈起。

首先,社会主义现代化的价值矛盾体现为市场经济对人与社会关系的价值观念的重构。如前文所言,社会主义现代化是利用资本、驾驭资本的过程,但资本所蕴含的价值原则与中国传统社会价值观发生的冲突主要表现在人民的精神生活和价值追求上。马克思、恩格斯在《共产党宣言》中指出,资产阶级"使人和人之间除了赤裸裸的利害关系,除了冷酷无情的'现金交易',就再也没有任何别的联系了"②。市场经济下的个人主义、自由主义冲击着传统文化中集体主义、社会主义的家国情怀,也割裂了个人价值与社会价值的统一。虽然提出了具有社会主义性质的核心价值观,但现代化正处于不断调整与变革中,制度体系的价值原则与现实生产关系之

---

① 马克思恩格斯文集:第1卷. 北京:人民出版社,2009:525.
② 马克思恩格斯文集:第2卷. 北京:人民出版社,2009:34.

间还存在矛盾。以实现和保护自我利益为价值原则的市场经济使社会滋生一种功利主义的价值趋向，造成人们对传统社会情感的困惑和错认，正义与利益、国家与个人等传统价值关系被割裂。资本的存在不仅改变了人类社会的价值关系，也改变了人们的存在状态和生活方式。人们之间的社会关系在市场经济的深入发展与资本的广泛运用中改变为生产与消费、资本与雇佣劳动的关系，它"撕下了罩在家庭关系上的温情脉脉的面纱，把这种关系变成了纯粹的金钱关系"[①]。物质财富成为人们存在的最终目标，享乐主义与消费主义也随之盛行。科技的发展进一步使人们的生活表现为对物的依赖和被物的控制。资本和市场的价值原则与社会传统价值的矛盾体现在人们的社会生活中，现代价值与传统价值的冲突也进一步表现在人们价值信仰的缺失和价值选择的错误上。辩证把握传统与现代之间的矛盾关系，既不是全盘否定传统生活，也不是全盘接受现代价值，而是使现代价值与具有中国特色、符合中国风格的价值理念相融合，以中华民族的悠久历史为底蕴实现现代化，以符合中国传统价值的方式实现美好生活的现代化建设。

其次，现代与传统之间的矛盾也表现在生产方式的变革中。其一是发展方式与发展理念中存在的传统与现代的矛盾。在落后社会生产中，人民需要停留在物质文化的不断满足上，社会生产以牺牲环境为代价而发展经济，经济发展速度是社会发展的基础。习近平总书记指出，"十四五"时期经济社会发展要以推动高质量发展为主题，以满足人民日益增长的美好

---

① 马克思恩格斯文集：第2卷. 北京：人民出版社，2009：34.

生活需要为根本目的[①]。从以经济建设为中心到推动高质量发展，从满足人民日益增长的物质文化需要到满足人民的美好生活需要，是新阶段中国发展的价值选择。解放和发展生产力的新目标从追求速度转变为平衡而又充分的发展，从牺牲生态以发展经济的生产方式转变为更加绿色的可持续发展，"更高质量、更有效率、更加公平、更可持续"的发展对传统发展方式的扬弃和超越，是社会生产与人民需要持续发展的必然结果。随着国家与社会的整体发展，安全问题是当代中国发展面临的重要问题，比如人民安全、政治安全、经济安全、军事科技文化社会安全、国际安全等，"维护国家安全贯穿党和国家工作各方面全过程"[②]。从传统发展观过渡到安全与发展的双向互动进一步表明了国家安全与社会稳定是民族复兴的根基和前提。其二是社会制度层面传统与现代的矛盾。社会制度与体系的现代化内含着价值的矛盾与转变：在政治制度与体制上，表现为从国家管理到国家治理体系和治理能力现代化的过程；在社会主义市场经济体制上，市场在资源配置中的基础性作用变为决定性作用，从发展效率优先、兼顾公平转变为更加注重公平；在社会主义分配制度上，从初次分配、再分配到提出三次分配。体制的改革是传统理念向现代理念的转变，也是基于传统制度不断得以完善的过程。其三表现在传统文化与现代文化的矛盾上。现代价值与传统价值的矛盾主要表现在文化的差异与冲突上。文化价值理念贯穿于政治、经济、社会等各方面的变革中。伴随现代化过程而逐步产生的民主、公平、自由、平等、理性原则与中国传统文化中集体主义、权

---

① 习近平. 关于《中共中央关于制定国民经济和社会发展第十四个五年规划和二〇三五年远景目标的建议》的说明. 人民日报，2020 - 11 - 04（2）.

② 习近平. 高举中国特色社会主义伟大旗帜 为全面建设社会主义现代化国家而团结奋斗：在中国共产党第二十次全国代表大会上的报告. 人民日报，2022 - 10 - 26（1）.

威主义的价值理念相矛盾,现代化带来的新型文明与文化类型也冲击着传统文化,并进一步推动传统文化的转型。传统文化与现代文化共存于现代化进程中,文化现代化发展战略不仅要祛除落后传统文化,继承与发扬优秀传统文化,还要积极将现代文明与优秀传统文化相结合。

最后,如何看待现代与传统之间的矛盾关系是把握价值问题的关键。无论是不同社会主体的价值观念还是不同历史阶段中社会生产方式的转变,其中的价值矛盾集中在现代与传统之间的关系上。扬弃传统的现代化过程,在形式上呈现为现代与传统的对立,但现代化新征程并非与传统相对立和决裂。其一,现代化不是对传统完全线性地取代,要辩证看待传统与现代之间的矛盾关系。传统价值植根于社会关系之中,也是现代化进程的前提与基础。新发展理念与新发展方式的形成并非无源之水,而是在传统制度的完善与发展中汲取经验和教训,逐步形成的新思想和新价值。这也就意味着现代价值与传统价值共存于现代化进程中,传统向现代的发展不是历史先后的关系,而是在历时性时空中相互影响的同一过程。其二,对现代与传统的价值评价是以主体需要为价值尺度的,要在主客体统一的价值关系中把握两者的关系。传统与现代并不是绝对的落后与先进、野蛮与文明的关系,绝对的定性评价和价值标准不能客观反映传统与现代的真实内涵。因为不同主体具有不同的价值尺度,不同主体的内在需要决定了不同的价值选择,这也是价值评价的内在根据。谁的价值尺度与对谁有价值的问题成为价值评价的主要方面,但价值的主体性并未消解其内在的客体性,价值评价是一个客观的历史过程。传统与现代的价值矛盾是对不同主体的价值需要和客观价值选择的呈现,对这一矛盾认识的价值前提在于要判断其是不是对客观规律的认识,是否体现了最广大人民的需要和利益，因而对待两者之间的关系要以是否有利于人与社会的全面发展为价值尺度。

二、人民群众的价值诉求与价值实现的矛盾

人们为了满足吃喝住穿等需要，开启了第一个历史活动，即物质生产。"第一个历史活动就是生产满足这些需要的资料，即生产物质生活本身……是一切历史的基本条件"①，因而为了不断满足需要而进行的物质生产过程就是价值实现的过程。人类历史表现为价值需要被不断满足和实现的过程，"已经得到满足的第一个需要本身、满足需要的活动和已经获得的为满足需要而用的工具又引起新的需要，而这种新的需要的产生是第一个历史活动"②，主观的价值需要和诉求是推动历史进程的主体性因素，而价值的实现过程表现为物质生产的客观历史进程。因而，人类社会的发展表现为需要与满足需要的过程，是一种应然与实然的矛盾。具体而言，是价值需要的可能性与现实性问题，理想与现实、现实与可能之间的张力集中体现在社会发展的程度与质量上。

社会主义现代化进程也是在解决生产与需要的社会主要矛盾中得以推进的。人民日益增长的美好生活需要与发展不平衡不充分之间的社会主要矛盾成为新阶段现代化进程中的主要矛盾，人民主体需要的满足是现代化的价值目标和价值取向。人民的价值需要是具体的，不是抽象的，反映在社会历史的进程与社会生产的不断进步中。需要的层次和范围在不同历史阶段具有不同的表现：在还未解决温饱问题的社会发展中，人民渴望的是

---

① 马克思恩格斯文集：第1卷. 北京：人民出版社，2009：531.
② 马克思恩格斯文集：第1卷. 北京：人民出版社，2009：531-532.

物质需要的满足，社会主要矛盾表现为人民日益增长的物质文化需要同落后的社会生产之间的矛盾；随着生产力的逐步进步，人民需要也从基础的物质满足上升为社会各方面的需要。价值需要的历史性与时代性在物质文化需要转化为对美好生活的需要中得以显现。人民需要层次的变化指认了社会生产力的进步，凸显了主体价值诉求的转变。现代化进程中的人民需要表现为更高层次、更宽领域的社会需要：丰富的物质与精神生产、平衡而又充分的社会生产、更加民主的政治参与、更加全面的社会保障体系和更加美丽的城市与生态建设。美好生活需要是个体内在的多元化、多层次的需要，是对富强民主文明和谐美丽社会的向往。生产与需要的矛盾在人民主体价值诉求与其推动的社会生产之间不断被解决，对人民主体需要的关注和解决是生产的价值基础和原则，也是解决社会主要矛盾的动力。

价值实现的过程是一个客观历史过程。主体需要的现实性与可能性决定了价值实现的过程性。新需要是在超越现有社会生产基础之上而产生的，这就意味着新需要的满足只有在生产条件发展到一定阶段时才能实现。社会主义现代化强国的建设是在全面建成小康社会与初步实现现代化的阶段性发展中被推进的，人们对美好生活的需要也是一个在现代化建设中逐步被满足的过程。人民对经济、政治、文化、社会、生态的美好需要受到不平衡不充分社会发展的制约，人与社会的全面发展还受到社会生产的束缚与限制。新时代虽然中国的经济实力实现了快速发展与进步，人民生活基本需要能够得到满足，但在社会生产的质量上还存有许多问题。社会发展的不平衡问题——区域发展不平衡、产业发展不平衡以及收入分配差距影响着人民生活质量的提高和生活需求的满足，关系着人民生活的医疗、教育、就业、养老等方面存在的问题限制了人民更高需要的满足。除此之外，国家制度与体系建设等方面存在的矛盾也进一步影响了价值实现的过程。客观社会条件对主体需要满足的实现过程所具有的限制性影响，决定了解决价值需要与现实状况之间的矛盾需要以高质量发展为主要目标。发展是解决价值需要与价值实现矛盾的关键，只有当发展以解决人民生活中真正存在的实际问题为价值基础时，才能实现人民对美好生活的价值需要。

价值需要的具体性和客观性，以及价值实现的历史性为认识价值诉求与价值实现的矛盾关系提供了理论原则。其一，价值需要具有主观性，但是价值需要的合理性与现实性是价值实现的基本前提。需要的实现要兼顾现实与可能之间的关系，要以现有的社会生产为依据。中国古代所幻想的"大同社会"与空想社会主义者所设想的社会主义最终都以失败告终，根本原因在于其不符合当时社会生产力与生产关系的发展状况，因而只能是一种空想。"要统筹考虑需要和可能，按照经济社会发展规律循序渐进……不断增强人民群众获得感、幸福感、安全感"[1]，因而人民价值诉求的提出要实事求是，符合社会发展规律，要与新时代生产力及社会制度与体系等各方面现状相适应。其二，价值矛盾关系的解决要以人民为主体。是否满足人民的价值需要是评判现代化进程的主要价值依据，也是中华民族伟大复兴的价值尺度。以人民为价值尺度解决价值需要与价值实现之间的矛盾关系是历史选择的必然，也是社会主义制度的要求。因而，社会主义现代化建设一方面要以实现共同富裕为价值基础，共同富裕是社会主义的本质要求，也是实现人与社会全面发展、满足人民美好生活需要的物质基础；另一方面要以人

---

[1] 习近平在省部级主要领导干部学习贯彻党的十九届五中全会精神专题研讨班开班式上发表重要讲话强调 深入学习坚决贯彻党的十九届五中全会精神 确保全面建设社会主义现代化国家开好局 李克强主持 栗战书汪洋王沪宁赵乐际韩正王岐山出席．人民日报，2021－01－12（1）．

的自由全面发展为人民需要的价值导向，现实的价值需要是人本质的外在显现，表现为从基础的物质需要转变为对美好生活的向往，这也是以人的全面发展为目标的社会发展过程。而资本逻辑之下的价值需要则发展为一种异化的需要，商品经济的全面发展促使人民生存与发展的现实需要转变为一种享乐主义、消费主义的需要，对物质财富的基本需要发展为财富积累的欲望。社会主义现代化过程不仅要转变经济发展方式，也要引导构建符合人真正需要的生活方式。因而要引导人民需要与社会生产都符合社会主义本质，从而促进社会从"**物的依赖性为基础的人的独立性**"向"**自由个性**"发展转变。

三、民族国家利益与全人类共同价值的矛盾

"每一个单个人的解放的程度是与历史完全转变为世界历史的程度一致的"①，人类的世界历史性存在是人的自由全面发展的必然趋势。习近平总书记在中国共产党与世界政党领导人峰会上的主旨讲话中指出："当今世界正经历百年未有之大变局，世界多极化、经济全球化处于深刻变化之中，各国相互联系、相互依存、相互影响更加密切。"②生产力的普遍发展推动了世界范围内生产要素的广泛流动，劳动力、技术的全球化以及愈加便利的全球交通运输网为世界普遍交往的形成奠定了物质基础。尤其是人工智能技术带来的生产方式与生活方式的变革进一步加深了各国在政治经济文化等方面相互融合。人类自身乃至民族国家的生存与发展都处在一个不可分割的整体中。低迷的全球经济发展形势、严峻的全球生态问题，以

---

① 马克思恩格斯文集：第1卷. 北京：人民出版社，2009：541.
② 习近平. 加强政党合作 共谋人民幸福：在中国共产党与世界政党领导人峰会上的主旨讲话. 人民日报，2021 - 07 - 07（2）.

及极端恐怖主义的存在，都影响着人类发展。全球化的历史大势日益体现在频发的世界性问题上，世界如何发展、人类如何生存是一个世界性问题，这需要全球应对和全球合作。纵然少数国家出现逆全球化的单边主义，但多极化的发展趋势以及发展中国家的发展要求更加公正平等的国家治理体系，要求维护和平与发展的世界局势。人类所经历的相似社会生产实践以及共同的价值需要是共同价值存在的必然前提和可能基础。全人类共同价值是符合世界历史发展趋势的客观规律，是共同应对世界性问题的价值源泉，也是实现世界人民幸福生活需要的价值基础。

中国共产党首先提出了不同于西方资本主义所谓"普世价值"的全人类共同价值，"各国历史、文化、制度、发展水平不尽相同，但各国人民都追求和平、发展、公平、正义、民主、自由的全人类共同价值"[1]，全人类共同价值内在地包含了存在主体的特殊性与价值内容的普遍性之间的矛盾关系，主要表现为利益矛盾和制度矛盾。其一是民族利益与世界利益之间的矛盾关系。民族与世界之间的关系等同于个体与共同体之间的关系，世界利益作为共同利益存在于不同民族国家之间的依存关系之中，而作为个体利益的民族利益并非完全统一于世界的共同利益，在不同条件下具有不同的矛盾和冲突。利益问题涉及全球各民族国家是否可以共同存在、如何共存的问题，为维护主权国家利益而不惜损害世界共同利益甚至其他主权国家利益的国家行为是一种不可持续的发展。资本主义的原始积累是通过殖民战争扩大海外市场进行的，而这也无不被历史证明是错误的。国家利益是国际交往的根本原则，也是全人类共同价值的根本基础，只有正确

---

[1] 习近平. 加强政党合作 共谋人民幸福：在中国共产党与世界政党领导人峰会上的主旨讲话. 人民日报，2021-07-07（2）.

认识民族与世界之间的特殊利益与普遍利益的关系，才能把握全人类共同价值的现实性。其二是社会主义制度与资本主义制度、社会主义价值观与资本主义价值观的矛盾关系。在社会形态上，社会主义是在批判和否定资本主义的基础上提出的，因而无论在制度形式上还是在价值观念上，社会主义与资本主义都存在冲突与对立。制度不同所引发的意识形态冲突是冷战时期影响世界和平的主要因素。新冷战思维的出现更加凸显了制度差异造成的各种冲突与对立，将病毒标签化的意识形态偏见，通过建立"小圈子"造成国家关系的对立等都是资本主义社会对社会主义社会遏制与打压的表现。制度矛盾内含在利益矛盾之中，如何正确认识差别、如何在差别中实现同一是把握民族国家利益与全人类共同价值之间矛盾的前提，也是理解中国式现代化新道路的重要价值原则。

全人类共同价值作为真正的共同利益是特殊利益与普遍利益的统一。资本主义所倡导的所谓"普世价值"在世界历史与资本主义的发展进程中逐渐暴露其不普世性与虚假性。逆全球化不仅违背了历史客观规律，也与其所宣扬的民主、平等、自由的"普世价值"相违背，是保全特殊利益而损害人类利益的选择。"普世价值"潜含着社会制度意识形态偏见，以自由与民主为幌子插手别国内政，实现经济与政治上的全球统治。"每一个企图取代旧统治阶级的新阶级，为了达到自己的目的不得不把自己的利益说成是社会全体成员的共同利益，就是说，这在观念上的表达就是：赋予自己的思想以普遍性的形式，把它们描绘成唯一合乎理性的、有普遍意义的思想。"[1] 当特殊不再以普遍的外壳掩盖自己的利益之时，特殊利益与普

---

[1] 马克思恩格斯文集：第1卷. 北京：人民出版社，2009：552.

遍利益统一于人们的物质生产生活中，共同利益才不是虚幻的，而是真正存在于相互依存的个体间。全人类共同价值是特殊与差别之上的统一。由于制度、文化与社会发展程度的不同，每个主权国家具有不同的特殊利益，但全人类共同价值的客观性与现实性在于全球人类的共同实践和相同价值需要。"和平、发展、公平、正义、民主、自由"的全人类共同价值超越了制度与意识形态的对立，以实现全球共同发展为价值指向，是不同于资本主义的文明新形态。

构建人类命运共同体是实现全人类共同价值的实践方案，也是将民族利益与世界人民利益相统一的过程。人类命运共同体不是一个抽象、虚假的共同体，不是以普遍形式为外壳满足民族的特殊利益，而是将全人类共同价值融入各民族的生产生活实践中，真正实现各国人民的利益。习近平总书记在中国共产党与世界政党领导人峰会上的主旨讲话中指出，要"以宽广胸怀理解不同文明对价值内涵的认识，尊重不同国家人民对价值实现路径的探索，把全人类共同价值具体地、现实地体现到实现本国人民利益的实践中去"[1]。全人类共同价值是遵循客观历史趋势的价值观念，是解决全球问题的现实需要。中国提出的全人类共同价值与人类命运共同体在实践中被充分证明了其现实性和真实性。在全球化进程中，中国积极推动共建"一带一路"，开展区域合作，并向沿线国家与地区投资，在促进国内转型的同时带动沿线国家与地区的经济发展，创造了新的生产动力，扩大了市场和消费，也促进了不同文明之间的交流。在世界卫生、绿色发展、对外开放方面以包容、合作、和平的发展理念推动伙伴关系的构建，摒弃冷

---

[1] 习近平. 加强政党合作 共谋人民幸福：在中国共产党与世界政党领导人峰会上的主旨讲话. 人民日报，2021-07-07（2）.

战思维，积极推动建立公平公正的全球治理体系。由中国提出并实践的价值理念证明了中国式现代化道路不是实现霸权的道路，它凝聚了民族国家利益与全人类共同价值的统一，是不同于并超越了西方现代化的新道路。

"推进中国式现代化是一个系统工程，需要统筹兼顾、系统谋划、整体推进，正确处理好顶层设计与实践探索、战略与策略、守正与创新、效率与公平、活力与秩序、自立自强与对外开放等一系列重大关系"①，这为我们把握中国式现代化蕴含的独特价值观提供了方法论基础。必须坚持系统观念、坚持辩证思维，处理好现代化进程中的重大关系，推动现代化进程的平稳运行。第一，坚持顶层设计与实践探索的统一。一方面需要科学洞察世界大局，客观把握世界发展趋势，在对社会客观规律把握的基础上制定具有现实性、科学性的规定、政策；另一方面需要在实践中探索解决社会问题与矛盾的现实路径，以科学政策引领实践，在实践中检验顶层设计的科学性并完善顶层设计的内容。第二，坚持战略与策略的统一。战略是指在对长远、系统、全面局势的把握中做出的决策，而策略则是实现战略的具体措施。在中国式现代化进程中要把握战略与策略的辩证统一，既需要在新时代把握新的战略机会，根据新时代的历史境遇制定新的战略任务，全面系统地把握中国式现代化面临的复杂局势，也需要在长远稳定的战略选择中利用灵活的策略变动在复杂变幻的历史局势中把握发展机遇。第三，坚持守正与创新的统一。守正强调现代化发展的本质与根本原则，守好中国式现代化的本和源、根和魂，是保持现代化正确方向的根本前提。但中国式现代化的发展是一个探索性、开创性的事业，需要在实践中

---

① 习近平在学习贯彻党的二十大精神研讨班开班式上发表重要讲话强调 正确理解和大力推进中国式现代化 李强主持 赵乐际王沪宁蔡奇丁薛祥李希出席．人民日报，2023-02-08（1）．

形成并拓展关于现代化的科学认识，需要将创新置于现代化建设全局的核心地位，推动现代化发展的理论、制度、实践等方面的创新，从而为发展创造新动能。第四，坚持效率与公平的统一。相比资本主义，以全体人民共同富裕为目的的中国式现代化创造了效率与公平互为条件的关系前提与制度基础。因而，推进中国式现代化要维持公平与效率互为条件与前提的关系，科学把握做大"蛋糕"与分好"蛋糕"之间的辩证关系，兼顾两者协调运转，发挥两者相互促进的积极作用。第五，坚持活力与秩序的统一。现代化发展既要求具有良好、统一的秩序，也需要充满活力。秩序呈现的是和谐有序的社会发展状态，活力则强调社会发展的多样性。良好有序的社会秩序是保证社会活力的前提，而社会活力的长期保持促进社会秩序自身的完善与提升。通过全面深化改革，使社会发展的活力充分涌流，与此同时加强法律与政治制度的建设，变革与社会发展不相适应的制度，在建立愈加协调、稳定、可靠的社会秩序中激发全社会的发展活力。第六，坚持自立自强与对外开放的统一。习近平总书记指出："当代中国的伟大社会变革，不是简单延续我国历史文化的母版，不是简单套用马克思主义经典作家设想的模板，不是其他国家社会主义实践的再版，也不是国外现代化发展的翻版。"[1] 对现代化道路的探索需要以中国特色社会主义的客观发展状态为基本依据，在满足本国人民的需求上借鉴其他国家现代化经验，不断拓展中国式现代化发展的空间。坚持系统观念与辩证思维是我们科学把握现代化进程中重大理论问题与实践问题的方法论基础。

价值需要、价值选择及价值实现的路径是影响现代化道路方向的重要

---

[1] 习近平谈治国理政：第3卷. 北京：外文出版社，2020：76.

问题，不同的价值判断也不断生产了现代化道路中的价值矛盾。正确认识社会主义现代化进程中的价值矛盾，一方面要以现实历史为客观依据，在中华民族伟大复兴战略全局与世界百年未有之大变局相互影响中考察社会主义现代化进程中存在的价值矛盾问题；另一方面要以人民利益为价值尺度分析价值问题的冲突与对立，要以符合社会主义本质的标准判断价值问题的矛盾。具体而言，要坚持人民至上、坚持守正创新、坚持自信自立、坚持问题导向、坚持系统观点、坚持胸怀天下，这是贯穿于习近平新时代中国特色社会主义思想的立场观点方法，也为我们把握现代化进程中的复杂价值关系、价值矛盾等问题提供了基本方法遵循。正确价值观念的树立与价值矛盾的解决对于全面开启社会主义现代化新阶段具有重要意义，而这也只有在"五位一体"的现代化实践中才能得到体现。

第四章

国家治理体系和治理能力现代化的价值基础

党的二十大报告提出，到二〇三五年，要基本实现国家治理体系和治理能力现代化，全过程人民民主制度更加健全，基本建成法治国家、法治政府、法治社会。国家治理体系和治理能力现代化是推进中国式现代化的应有之义，是全面建设社会主义现代化国家、全面推进中华民族伟大复兴的必由之路。推进国家治理体系和治理能力现代化既要注重治理实践问题，同时也理应将国家制度所内含的价值体系和价值基础作为治理进程的根本关怀。现代化国家制度同成熟的价值体系与价值基础密不可分。就中国现代化进程而言，价值基础问题事关国家长治久安，事关社会普遍认同，事关民族伟大复兴，事关国际影响力展布。因此必须基于历史维度与发展维度全面把握我国国家治理体系和治理能力现代化的价值基础问题。

第一节 国家治理体系构建的价值前提

意欲把握国家治理体系构建的价值基础问题，首先要明确其前提。价值前提是更为根本的观念认同，其根源于一国及其文化在历史发展中所呈现的独特性，同时也是国家治理更具指向性的现实关切。因而，价值前提是历史认同与治理认同的合题，其从根本上意味着价值基础和价值原则的不可复制性。对于当今中国国家治理而言，这一合题根本性地表现为"以人民为中心";而从治理实践的角度出发,"以人民为中心"现实性地指向了对"全过程民主"的切实诉求。

一、以人民为中心:治理体系构建的根本价值要求

以人民为中心的发展思想贯穿于国家治理体系建设全过程,是推进国家治理体系和治理能力现代化的价值制高点。可以说,我国治理体系和治理能力现代化进程中的"以人民为中心",是在继承创新了马克思主义基本原理、辩证发展了中国传统政治思想、系统总结了革命战争年代至新中国成立以来若干政治实践、批判吸取了近现代西方政治思潮及其价值观念、深刻把握了当代我国社会主要矛盾和民族复兴诉求的基础上得出的。在这个意义上,准确认识"以人民为中心"对中国治理体系现代化的重要意义,显然需要厘清人民概念的基本内涵。

在古代中国,"民"并非参与国家治理的主体,而是封建王朝的统治对象。对"民"的治理问题一直为先贤所关切。三代时期就已出现"民惟邦本""敬德保民"等朴素民本思想,而到了礼崩乐坏、诸侯争霸的春秋战国时期,各主要思想流派都对民本问题予以关注。无论是孔孟的"民贵君轻"的仁政思想,还是老庄的"屈君伸民"、君王"无为",抑或墨子讲求的"兼爱非攻"等观点都具有鲜明的"民本"色彩。民本思想是先贤政治理想与朴素人本关怀的统一,其中"为政以德""天下为公"等观点成为以人民为中心发展思想的传统文化基因。而自秦汉以降,大一统封建王朝的出现致使民本思想由政治理想向"统御之术"嬗变。古代农耕文明生产方式决定了"民"对维系封建王朝统治的重要意义,所以君主必以"仁政""善政"作为统治规范。统治阶级虽强调"民本",但"民"却处于封

建统治的底层，被贬低为"小民""黔首"。深植于政治实践中的"官本位"思想使"民"在社会生活中长期受到统治阶级的剥削与迫害。据此而言，我国传统意义上的"民"虽在经济上贵为"本"，却在实质上成为无尊严的低下等级，"民"的矛盾性决定了我国古代民本思想无法真正保障人民的权益。

与古代农耕文明视域中的"民"不同，近代中国的"人民"概念发端于鸦片战争后中西文化间的"硬接触"。有识之士有感中西在政治、文化、技术上的差距，兴起了"师夷长技以制夷"的西学东渐风潮。西方现代化进程将传统国家中的"臣民"转化为现代国家中的"人民"，其具有双重向度：个人自由与人民主权。早期现代西方政治哲学因侧重程度不同发展出以洛克、密尔为代表的自由主义和功利主义及以卢梭为代表的共和主义。自由主义和功利主义立论于个人自然权利基础上，注重对个体间利益冲突及其边界的探讨。而共和主义则关心人民整体，通过人民的集体意志来处理国家问题，强调人民是国家的主权者。近代中国对西方"人民"概念的引进与重释造成了双重后果：其一是"人民"概念赋予了"民"参与国家治理的政治身份；其二是"民权"成为限制与反对君权的重要力量，进而终结了封建帝制，其进步性不言而喻。但是，此时的"人民"概念及民国推行的代议制民主制度，既未从根本上改变中华民族的苦难现实，亦未清除封建专制所遗留的"官本位"观念，同时也没有终止西方对中国的殖民进程。进而言之，此时中国空有"人民"概念，却未能将其诉诸保护人民利益、解救国家危难的有效政治实践，革命者话语中的"人民"并非国家治理的中心，因而无法真正代表广大群众。在这个意义上，近代旧民主主义革命视域中的"人民"概念暴露出其不符合中国人民实际需要的本质弊端。

与传统文化中的"民"以及近代旧民主主义革命视域中的"人民"概念不同，中国共产党所坚持的马克思主义人民观建基于唯物史观。马克思、恩格斯在《德意志意识形态》中通过对历史唯物主义原理的阐述指出人的本质是劳动和社会性。马克思与恩格斯认为，生产力与生产关系决定了历史发展走向。先进生产力必将淘汰落后生产力，因而落后阶级与先进阶级间的斗争构成了历史发展的根本动力。马克思与恩格斯在资本大工业时代预见了资产阶级的落后与腐朽。私有制与资本家对劳动者剩余价值的剥削，决定了无产阶级与资产阶级间斗争的必然性。无产阶级为自身利益的斗争，同时就是一切为资本权力所剥削所压迫的人民群众追求自由解放的斗争。因此，马克思的"人民"概念既强调无产阶级的革命意义，又从革命现实出发赋予"人民"更广泛的内涵，这也为今天马克思主义人民观的发展提供了方向基础。习近平总书记在庆祝中国共产党成立100周年大会上的讲话中指出："人民是历史的创造者，是真正的英雄。"[①] 在当今中国，"以人民为中心"，是发展要求与民族复兴诉求的统一，是马克思主义人民观与中国现实的统一。党的十八届五中全会提出必须坚持以人民为中心的发展思想；党的十九届五中全会进一步指出，坚持把实现好、维护好、发展好最广大人民根本利益作为发展的出发点和落脚点。治理体系现代化的问题就是发展的问题，归根到底是人民发展的问题，人民既是当今中国现代化进程的实际参与者和治理者，同时也是发展的根本目标与价值前提。只有将"以人民为中心"作为国家全部制度建设的根本前提，方能

---

① 习近平．在庆祝中国共产党成立100周年大会上的讲话．人民日报，2021－07－02（2）．

进一步贯彻中国共产党谋求人民幸福、民族复兴的初心使命，这也是党和国家行稳致远的根本保障。

二、全过程人民民主：治理体系构建的基本价值遵循

如何将"以人民为中心"的根本价值前提贯彻到国家治理体系现代化进程中，是我国制度建设所面临的基本问题。在庆祝中国共产党成立100周年大会上的讲话中，习近平总书记强调要发展"全过程人民民主"。对当今中国而言，"全过程人民民主"既是对党领导全体中国人民发展社会主义民主政治经验的系统总结，又代表着我国民主政治发展水平所达到的新境界、新高度。中华民族从站起来、富起来到强起来的历史进程已然说明，人民民主才是真正符合中国国情和中国发展需要、真正可以保障中华民族根本利益的民主。要发展"全过程"的"人民民主"，就是要让人民民主的优势贯穿于社会生活全部环节之中，让人民民主成为全部政治生活的根本遵循，进而为人类民主政治的发展提供"中国智慧"。

早在古希腊时期，民主制就已经被确立为雅典的城邦制度。雅典民主制的政治主体仅限于男性公民。女性、奴隶和外邦人没有参与政治的资格，这遏制了更广泛民主的可能性。但雅典民主制使城邦公民参与政治生活成为现实，民主促进了古雅典文明的兴盛发展，亦使民主观念深植于西方文化根基之中。民主价值长期受西方思想家关注，虽然近代以前民主制因政治成本高昂而为部分思想家所批判，但伴随现代市民社会的形成和资产阶级的觉醒，诸如自由、平等等一系列现代民主价值逐步确立。法国大革命后，西方国家不断进行由传统国家向现代民主国家的转型，君主立宪制与民主共和制为西方国家在近代的快速发展提供了制度保障，民主也在

西方所推动的现代化进程中不断成为资本主义国家的基本价值。

如同"人民"概念一样，现代中国民主观念也深受西学影响。其中最具进步意义的是孙中山所提出的"民族、民权、民生"的三民主义，三民主义标志着近代中国体系化民主思想的诞生，同时继承了中国古代的"民本"思想，堪称我国民主历史中融贯中西的伟大创举，因而一度成为中国民主主义革命的鲜明旗帜。但是，清末以来为救亡图存而引进改造西方制度的尝试，并未真正改变中国半殖民地半封建社会的现实。资本主义民主制之所以不能根本改变中国现实，是因为其既不能与中国实际相结合，同时又具有内在根本弊端。历史已经证明，资本主义民主虽有民主之名，实则成为资本财团为谋求利益而相互对抗媾和的舞台。表面的民主选举遮蔽了背后的资本运作，各路资本不仅在选举前为选举人"站台背书"，同时也在选举人当选后"挟天子以令诸侯"。选举人为获取选票，往往在竞选中将自身包装成符合特定群体意愿的"意见领袖"或"选举明星"，上台后则致力于将资本利益扭曲为人民权益，进而谋求连任以继续为资本效命。不难看出，这样的民主制度不能代表全体人民的根本利益，国家退化为资本的牟利工具，而真实民意则无处伸展。在资本驱使下，西方民主制度不仅肢解了民主精神，同时还给自家民主冠上"普世价值"之名，肆意践踏他国主权，一旦出现了不利于资本获利的势头，西方国家就会打着民主旗号渗透、颠覆他国政权，甚至在必要时亲自下场发动战争。在西方民主价值的自大与傲慢背后，凸显着资本对全人类共同价值的挑战与侵害。

"十月革命一声炮响，给中国送来了马克思列宁主义。"[①] 中国共产党

---

① 习近平. 在党史学习教育动员大会上的讲话. 北京：人民出版社，2021：6.

人在马克思主义与中国现实相结合的过程中发展出密切联系群众的宝贵作风，发起了由无产阶级领导的、由人民大众参与的反帝反封建革命，即新民主主义革命。至此，中国的"民主"不再是资产阶级、精英官僚和特权阶级相互媾和的价值游戏，而是走上了人民群众切实参与的真正民主进程。中国共产党带领全国各族人民开创的社会主义人民民主道路，象征着中华民族建设现代化国家、实现民族伟大复兴的坚定决心。然而，在一个历史悠久、幅员辽阔且人口众多的多民族国家建设人民民主绝非朝夕之功。新中国成立前召开的中国人民政治协商会议第一届全体会议就将人民代表大会制度确立为我国的根本政治制度。而自新中国成立以来，党和国家也始终将人民民主作为国家治理实践的根本导向。同时，以村（居）民委员会为基本单位，我国建成了世界上覆盖人口规模最大的基层群众自治制度。人民代表大会制度、政治协商制度、民族区域自治制度和基层群众自治制度为人民民主提供了制度保障。

党的十一届三中全会以来，党和政府带领人民进行改革开放的伟大实践，为人民民主发展提供坚实经济基础，中国共产党将维护人民根本利益作为人民民主政治的出发点和落脚点，有力推进了人民民主发展进程。进入新时代，党和政府高度重视民主建设，党的十八大以来提出的一系列新理念、新思想、新战略成为全过程人民民主发展的重要前提。党的二十大报告指出，发展全过程人民民主是中国式现代化的本质要求，全过程人民民主是社会主义民主政治的本质属性，是最广泛、最真实、最管用的民主。全过程人民民主以发展协商民主为重要形式，以发展基层民主为重要体现，在本质上要求将民主贯彻于选举、协商、决策、管理、监督等全部政治生活之中，故"全过程"构成了我国国家治理体系建设的价值遵循。

全过程人民民主不仅立足当下的政治进程，同时着眼未来的政治建构。在全过程人民民主视域中，国家公权力既源于人民民主，又受到人民民主监督。因而，全过程人民民主必将充分激发全体人民的主人翁意识，提高人民管理国家、建设国家的积极性，真正做到维护人民群众根本利益。

全过程人民民主不仅对于我国制度建设具有突出指导意义，同时也为人类的民主政治发展提供方案借鉴。全过程人民民主是表征中华民族百余年奋斗史的民主，是由中国人民自己选择、符合中国国情需要、经得起历史考验的民主制度，也是中国作为社会主义国家面向人类自由解放之共产主义伟大理想的必经之路。

第二节
国家治理体系构建的价值原则

价值原则问题在推进国家治理体系和治理能力现代化进程中具有突出意义，价值原则是国家治理的基本目标和行动准则，当今国家间的利益之争表现为价值原则之争。因而对国家治理体系建设而言，确立符合本国国情与实际发展需要、可以彰显全人类价值认同的基本价值原则显得尤为重要。我国治理体系现代化的价值原则具有三方面理论依据：一是马克思主义经典作家对价值原则问题的论述，二是由习近平提出的"全人类共同价值"，三是社会主义核心价值观。上述内容都将公平、正义、平等、自由作为重要基本价值，这同时也是国家治理体系构建所需遵循的根本价值原则。一般而言，公平与正义原则显见于对国家制度建设和法治建设的考量之中，而平等与自由原则则着重为社会发展提供方向保障。

一、国家制度及其公平与正义原则

公平与正义原则一般可统称为公正原则。公正在中西传统思想中皆具有重要地位。我国古代的公正思想关乎对和谐社会关系的追求，如：儒家提出"不患寡而患不均"，在教育机会上主张"有教无类"；法家提倡以"均贫富"来缓解社会分配不公，并提出"以事致贵，以过受罪"的观点来作为保障王政长治久安的基础；道家赋予公正自然意义，指出"天地相合，以降甘露，民莫之令而自均"；等等。这些公正思想在不同程度上成为中国古代治理的理论依据，进而为今天国家治理中的公正原则提供重要思想资源。

在西方，思想家们对公正原则的讨论多与政治哲学相关。在古希腊时期，哲学家从不同角度出发，赋予公正多种定义，如：柏拉图将正义与城邦等级相关联，指出"正义"是基于等级的行为规范；亚里士多德将公平释义为"对等"，即人应因其行为受到同等对待，而正义则被奉为政治学中的"善"。公正问题在现代西方哲学中成为政制建构的理论基础。例如，霍布斯、洛克、卢梭就将自然权利意义上的公平作为契约论国家的前提；休谟、密尔则从功利主义角度提出了利益优先的正义观；当代的罗尔斯、诺齐克和麦金泰尔等人在自由主义和社群主义的理论竞争中提出了分配正义、持有正义和德性正义论。可以说，西方的公正思想既包含了对不同社会形态下分配与正义问题的关切，亦与西方的现代化进程紧密相连。就其积极意义而言，西方的公正原则予人以启蒙，确立了人在现代政治生活中的主体地位，为西方政制的制定完善提供了方向指引，因而在现代史中一度占据突出地位。但需要注意的是，西方公正原则往往以抽象的终极价值为目标，因而会在发展过程中忽视自身的历史性与局限性，这在某种程度上根源于西方公平正义原则对特定阶级利益的维护，因而缺乏对现实不公正现象的有效规范。

一般来说，公平是国家对于社会成员间差异的调节，或者说，公平直接指涉二次分配问题。但是具体公平受多种因素制约，如思想家们对人性理解的差异、社会制度的不同以及生产力发展的历史局限性等。公平具有多种形式，如注重实际社会参与的过程公平，强调社会参与结果的结果公平，等等。现代化国家治理必须处理好分配问题。缺乏对公平的关切保护，既会阻碍社会生产力进一步发展，同时也会丧失民心，威胁国家治理基础。相较于公平，正义是更基础的社会价值原则，正义是对公平尺度的决断。正义涉及比公平问题更加广泛的领域，正义是指涉人之尊严、人之价值、人之本质的根本标准，具有理想和现实的二重性：一方面，正义必然要符合社会成员对其本质的普遍追求，进而构成社会发展的方向指引；另一方面，正义须在实际社会决断中体现效力。因而，就现代化国家治理而言，正义原则须在国家的法治建设中得以体现。

马克思主义的公正观既吸收了公正原则的基本观点，同时从唯物史观出发批判了既有公正思想。马克思主义认为，公正属于历史范畴，公正必然受特定社会制度与生产力水平的制约，必将伴随生产力发展不断暴露其局限性。因此，任何一种公正原则都是历史的、暂时的，不存在超越历史的完满公正价值。资产阶级公正原则的局限性凸显为资本主义私有制和无产阶级之间的矛盾,资本主义生产方式迫使无产阶级出卖自身劳动力,劳动力价格与工资间的对等关系掩盖了资本家无偿占有劳动者剩余价值的本质。因此,这种公正价值遮蔽了现实的剥削压迫,是虚假的公正。无产阶级革命是消灭剥削压迫的革命,指向对资本主义公正的扬弃与新公正原则的形成。马克思主义指出,真正的公平正义应以人的全面自由解放及广大人民群众根本利益的实现为前提,这种正义观理应成为社会主义制度建设所遵循的治理规范。

中国共产党人坚持并发展了马克思主义公正观,形塑了适应中国国情、追求人民幸福、面向未来发展、符合全人类共同价值的中国特色社会主义公正原则。早期党和国家领导人高度关注社会公平正义问题,以按劳分配为原则为改革开放提供了制度基础。依据马克思、恩格斯对未来社会形态的设想,共产主义社会应以能满足全体人类按需分配的发达生产力为前提。为此,党的第二代中央领导集体深刻总结历史经验教训,要求"解放生产力,发展生产力",通过大力发展社会生产力扩大社会分配基础。同时提出了以按劳分配为主体、多种分配方式并存的分配原则和"先富带动后富"进而实现共同富裕的中国特色社会主义公平观。改革开放实现了中华民族从站起来到富起来的转变,社会分配水平显著提高,法治建设明显进步。但是,生产力水平高速发展产生的新问题同传统问题相互交错,这会对社会公平正义产生冲击。因此,为保障公平正义对国家制度现代化所具有的原则性意义,就必须将改革进行到底。

新时代以来,公平正义问题深植于国家制度建设与制度实践之中,公平正义既是社会主义核心价值观的重要组成部分,也是"四个全面"战略布局的内在追求。在社会公平建设方面，我国以实现共同富裕为目标，既坚持解放和发展生产力，推动高质量发展，将"蛋糕"做大；又注重完善优化社会主义分配制度，将"蛋糕"分好。党的十九届四中全会提出，要重视发挥第三次分配作用，发展慈善等社会公益事业，以提高我国社会分配水平，践行社会公平。此外，党带领全国人民取得脱贫攻坚战的全面胜利，脱贫攻坚不仅彰显了社会主义制度优越性，同时为弘扬社会公平正义提供了坚实基础。在社会正义建设方面，我国不断加强党风廉政建设，取得全面反腐败斗争压倒性胜利。同时开展全国扫黑除恶专项斗争，极大改善了社会生态、政治生态与经济生态，赢得了人民广泛赞誉。在法治层面，我国既重视完善立法体制机制，又重视健全法治保障，做到法律制定与法律执行并重，遵守法律与监督法律并行，进而构建全社会法治的良好风气。可以说，新时代党和国家事关公平正义的系列举措，不仅是马克思主义公正观指导下的生动中国实践，同时也是面向国家制度现代化建设的应有之义，更是面向时代、面向未来、面向发展的有益价值探索。

二、国家制度及其平等与自由原则

对于现代化国家制度建设而言，平等与自由原则具有基础性意义。一方面，自由平等是全人类共同价值的基本内容，两者之间既存在张力，又相互依存，处理好自由与平等之间的关系是人类面向文明、面向发展的基本价值追求；另一方面，作为社会主义核心价值的自由平等原则又必然包含对西方价值观念的超越与扬弃。因而，什么是符合中国制度现代化要求的平等与自由原则，成为我国制度建设所必须要回答的根本问题。

在近代之前，西方封建经济与宗教神学长期禁锢着平等与自由原则的发展，自由只是少部分社会成员因其据有社会地位与财富所享有的特权，而其本身意味着不平等。西方资产阶级革命成为现代自由平等价值的滥觞。其中，自由主义者以人类理性为依据，不断将平等与自由诉说为人皆有之的"普世价值"。自由主义的平等的自由观念绝非讲求无限制的自由，而是基于人格平等的相对自由，这根源于自由与平等之间的张力关系。自由主义者认为，从个人与群体的关系出发，意图追求无限制的自由必然会打破平等，刻意追求平等又会阻碍自由的实现，而个人背景、天赋等因素上的现实差距亦会加剧自由与平等间的矛盾。因而，如何平衡自由与平等间的微妙关系，成为现代自由主义志于解决的重要问题。

马克思主义的自由平等价值以唯物史观为基础，认为对自由平等价值的认知不能脱离阶级与社会生产力的限制。马克思认同人类理性与自由平等价值的积极意义，也承认人与人之间的自然与社会差异的存在，但其科学性就在于否定了理性的非历史性以及超越历史的自由平等价值。在对按劳分配制度的探讨中，马克思就曾坦言个人劳动能力上的差距仍会造成一定程度的不平等。但马克思、恩格斯对不平等的解决方案既不一味诉诸人类道德上的善良意志，亦不默认不平等的客观存在，而是指向对共产主义社会的不懈追求。马克思、恩格斯认为，共产主义之前的自由平等观念在实质上仍受制于人类的自发性行为，因而人与人之间的利益冲突难以避免，有限的生产力水平并不足以为自由与平等的和解提供保障。而以高度发达的社会生产力和扬弃自发阶段的自由观念为前提，共产主义社会将通过按需分配的方式消解自由与平等之间的张力关系，进而在对人类发展需求与平等诉求的同时保障中实现自由与平等的统一。

我国制度中的平等与自由原则源于近代以来中国人民对自由平等的向往，是马克思自由平等理论同中国实际相结合的产物。相较于西方理性主义对平等与自由原则的抽象建构而言，我国制度所蕴含的平等与自由原则凸显对历史和现实的关切。近代中国所蒙受的种种苦难与当代人类面临的公共安全问题皆能证明：自由在不独立的国家中绝不现实，平等在不发达的国力面前就是空谈，而缺乏对人民生存权与发展权的保护，自由和平等更是无从谈起。据此，党领导人民进行新民主主义革命、建设社会主义新中国的伟大斗争为自由价值提供了根本前提。党领导人民进行改革开放、大力解放和发展社会生产力的伟大实践为平等价值提供了重要保障。

在这个意义上，西方基于理性的抽象自由平等价值建构并不能真正解决中国的历史与现实问题，而真正的自由与平等只能在历史的发展与实践中得以实现。这也就是我国社会主义核心价值观中的平等与自由原则不可能与西方观念中的平等与自由相一致的根本原因。从长远来看，我国制度建设对平等与自由价值的追求，既不是以追求自由而损害平等，也不是为追求平等而窒息自由，而是既呼唤自由为社会发展提供可能性空间，又需要践行平等以保障人民的根本利益。因此，平等与自由是中国国家制度所共同坚持的基本价值，其发展必然以共产主义伟大理想中平等与自由的统一为根本导向。但人们又必须看到，当今我国仍处于社会主义初级阶段，人民日益增长的美好生活需要和不平衡不充分的发展之间的矛盾客观存在，这就要求国家制度必须维护好社会公平正义，以发达生产力和合理的社会分配制度作为更高水平平等与自由的践行基础，进而在实现共同富裕的过程中处理好平等与自由的张力关系。

第三节
国家治理应时代之需做出的价值调整

对于现代政党而言,建构一种与自身"文化—历史—社会"相适应的国家治理范式,是实现其政治和谐运转、社会有序变迁及永续发展的先决条件,同时这也是世界各国普遍的价值追求。新时代中国共产党提出的"推进国家治理体系和治理能力现代化",不仅体现着对治理中现实问题的回应,也体现着对治理价值的重构,即国家治理应时代之需做出的价值调整。

一、从"管理"到"治理":治理的价值理念不断更新

关于"治理",古今中外皆有论述,其内涵也不断被丰富。中国传统语义中,"治"具有统治、操纵与引导之意,后来在名词意义上,"治"的含义又演变成君主统治国家所取得的成就,或引导社会所达到的良好状态,故中国古代长期流传着"圣人作而天下治"的说法。而"理"则指的是"治玉为器"的过程和手段,即掌权者通过对国家和社会的管理,从而实现"治"的目的。20世纪末,西方治理理论提出了"善治"的理念,主张政府分权与社会自治,强调国家应下放权力,主动向社会授权及弱化政

府权威，形成多中心、多主体、多元化的自我管理格局。但从根本上讲，无论是西方治理主张还是中国传统治理理念，都带有"统治"的强制性印记，都是围绕"管理"的大逻辑而展开的。

从"管理"到"治理"，虽然只一字之差，但却显示出根本不同的价值选择。新时代中国共产党在国家和社会层面强调"治理"而非"管理"，这不单单是词句上的改变，更显示出国家治理在价值理念上的更新。从理论层面分析，"管理"和"治理"大体有三方面的差异：一是性质的不同，前者具有强制性，后者更注重协商；二是主体的不同，前者的主体比较单一，往往是政府或其他公权力在治理中占主导，而后者的主体则是多元的，除政府以外还包括公民、企业和各类社会组织等；三是机制的不同，前者一般采取自上而下的权力运行模式，而后者则追求权力运行的平行和平等。从实践层面来讲，"多一些治理、少一些管理"已成为当今世界政治变革的主流趋势，而由"管理"向"治理"转变，实际上也已成为中国共产党实践当中的价值选择。中国共产党致力于推进国家治理体系和治理能力现代化，其价值目标在于不断激发社会活力、促进公众平等参与，更好地坚守人民立场、增进人民福祉。可以说，"国家治理"新理念的提出，意味着针对我国国家治理的各项事务，各类社会组织和市场组织都将有平等参与的机会和舞台；国家治理价值向人民的倾斜，也预示着公平正义、改善民生、社会安全将成为新时代推进国家治理现代化的焦点和重心。

二、从"效率"到"效能"：治理的价值范式实现升级

国家治理现代化场域中的"效能"，是指"国家治理的实际行为表现与国家治理体系和治理能力现代化任务目标之间的匹配程度，是衡量治理

有效性与目标达成性的关键标识"[①]。"治理效能"命题的提出，是中国共产党针对以往"效率优先""绩效为王"等价值的纠偏，旨在突出国家治理的协同性、均衡性和可持续性，推动国家治理价值范式的升级。具体来说，"效率"与"效能"实际上存在诸多不同：效率强调治理投入的回报，效能关注治理体系运行的效果；效率强调单个治理手段的有用性，效能关注治理的整体功能优化；效率强调影响治理的当前要素，效能关注促进治理的长远因素；效率的提高以公共权力为主导，而效能的提升以服务人民为重点。

从国家治理的演进规律来看，评判一个国家治理的现代化水平，通常参照的是产出治理成果与投入治理成本的比值，也即治理的"效率"。在从计划经济向社会主义市场经济过渡的过程中，中国共产党不仅对效率与公平的关系有了深刻的认识，而且还在国家治理的过程中不断探索从"效率"向"效能"转换的路径，积累了许多成功经验。党的十三大报告提出，我们的分配政策既要提高效率又要体现公平，既要让善于经营的企业和诚实劳动的个人先富起来，又要坚持共同富裕的方向和目标不变；党的十四届三中全会提出，建立以按劳分配为主体，效率优先、兼顾公平的收入分配制度，走共同富裕的道路。可以说，这既是我们党将"效率"前置的举措，又是能够切实"影响和带动整个国民经济的政策"[②]。但实践证明，过分追求治理"效率"的价值取向也会诱发许多不好的结果。譬如，改革初期由于过分追求经济增长率，导致了"唯GDP""政府市场化"现

[①] 丁志刚，李天云．"十四五"时期提升国家治理效能的意蕴、框架与路径．青海社会科学，2021（1）：37．

[②] 邓小平文选：第2卷．2版．北京：人民出版社，1994：152．

象的出现，重发展、轻治理问题十分普遍，"非均衡化治理"直接阻碍了国家治理的现代化进程等。因此，在新时代背景下，中国共产党深刻总结历史经验和教训，积极转变思想观念，引领国家治理范式从"效率"不断向"效能"转变，提出要把我国的制度优势更好地转化为国家治理效能，实现"十四五"时期"国家治理效能得到新提升"的战略目标。

三、从"两极"到"四极"：治理的价值主体趋向多元

基于国家治理价值层面的设计，必须赋予国家治理主体适当的权力配置，推进国家治理主体的多元化，从而形成多元共治的协同治理格局。国家治理现代化能否顺利推进，根本上取决于有没有遵照科学的治理要求和"善治"的价值追求，建构起结构合理的运行机制。

根据中国以往的国家治理经验，治理一般由党委和政府两个主体负责，即党委领导、政府负责，其他组织和个人或处于被治理的地位，或等待着服从治理主体的安排。毫无疑问，对于中国这样一个超大规模的后发型现代化国家而言，政党和政府的推动力是无可替代的，政党和政府在国家事务中承担着制定大政方针、决策关键问题的重要任务，扮演着"元治理"的关键性角色。但尽管如此，也不意味着政党和政府可以处理一切问题、满足一切诉求。现代治理理念要求权力应向公共领域回归，也就是说，我们需要一个能够驾驭现代化变革浪潮、兼具回应性和调适性的执政党与法治政府，"也需要一个健康而有活力的社会，更需要无数享有自由与尊严的公民"[1]。

---

[1] 唐皇凤. 中国国家治理体系现代化的路径选择. 福建论坛（人文社会科学版），2014（2）：26.

为应对国家治理现代化的新变化、新形势,中国共产党构筑起开放式的治理参与体系,将"党委—政府"的两极治理主体转变成"党委—政府—社会—公众"的四极治理主体,形成了"党委领导、政府负责、社会协调、公众参与"的新型治理体系。在多元治理主体中,社会组织和公众的力量越来越受到重视。习近平总书记指出,要"改革社会组织管理制度,鼓励和支持社会力量参与社会治理、公共服务,激发社会活力"[1]。一方面,社会组织可以充当政府与群众之间的纽带。在"强政府、弱社会"的格局下,社会的自主性较差,群众与政府间极易产生隔阂,这既不利于群众的利益诉求被政府及时接收与回应,也不利于政府了解、团结和服务群众。而社会组织则先天具有上下联动的优势,倘若给其以适当的权力空间,其不但能够提升政府施政的效度和质量,还能有效预防和化解社会矛盾。另一方面,公众参与国家治理可以监督政府权力的运行。除制度外,治理主体的素质也是影响国家治理的重要因素,纵然有最丰富的治理资源和最完备的治理体系,倘若主体的素质不高,那么其治理的能力也不会强,社会也不会安定。总之,将公众纳入国家治理主体的序列,能够监督政府权力的运行,促进治理的民主化与规范化进程。

---

[1] 中共中央宣传部. 习近平总书记系列重要讲话读本(2016年版). 北京:人民出版社,2016:225.

第四节
国家治理的价值选择和衡量标尺

治理的现代化变革,实际上"是一个价值导向调整优先于治理技术革新的过程。只有深刻把握了这一原则,治理现代化才能够从社会中获得不竭的动力支持"①。中国的国家治理从理论层面而言,就是进行价值重构,包括价值理念、价值范式和价值主体的重构。但必须注意的是,在重构中依然坚守着价值初心,即基本价值追求没有变,根本价值指向没有变,价值衡量标尺也一直在。之所以如此,是因为这符合国家治理现代化的提出者——中国共产党——的本意。

一、促进人民幸福安定、社会运行稳定的基本价值追求

作为一种全新政治理念出场的国家治理现代化,其基本价值追求并没有变。人民幸福安定、社会运行稳定是中国国家治理现代化的基本价值追求,这一追求与中国共产党人的初心使命相连,建立在中国特色社会主义制度的基础上。

---

① 韩冬雪. 衡量国家治理绩效的根本标准. 人民论坛,2014(10):34.

其一，不同于一切剥削制度，社会主义制度是人民当家作主的制度，社会主义国家是人民自己的国家，社会主义的价值愿景通向人类解放。中国国家治理现代化在此制度土壤中生长，自然不会走向违背人民意愿的国家治理，而是致力于为绝大多数人谋利益、为广大人民谋幸福的国家治理。倘若用一句话概括国家治理现代化的基本价值取向，那就是"以人民为中心"，相对应的以统治阶级为中心、以资本为中心、以神为中心的治理，都是对人民的蔑视。就国家治理促进人民幸福安定的价值支撑而论，人民是否真正得到实惠，人民生活是否真正得以改善，"人民群众权益是否真正得到保障，应当成为检验我国国家治理是否取得成效的基本标准"①。因此，要坚持问政于民、问需于民、问计于民，形成畅通无阻、运转协调、规范有效的民情民意反馈机制，准确掌握人民的所思、所想、所盼；要坚持把人民赞成与否、答应与否、高兴与否、拥护与否作为制定国家治理政策的基本依据，使人民的意志能够在国家治理实践中得到有效整合和实现。

其二，国家治理现代化绝非单一的政治概念转换，也不仅仅单纯为了满足人民的生存需要，其还有另一个基本价值追求就是要促进社会运行稳定。中国共产党立足时代的变化，以经济建设为中心，全面推进经济、政治、文化、社会和生态文明的建设，开创了中国式现代化新道路，创造了人类文明新形态。然而，当下一些深层次的矛盾仍未能得到解决，如制约发展的机制障碍较多，发展不均衡、不协调、不可持续问题突出，"普惠"式改革空间越来越小，利益矛盾调解难度越来越大，等等。这些都严重影

---

① 杨兴林. 我国国家治理价值追求的三重审视. 新疆社会科学，2014（5）：8.

响着社会的稳定运行。面对如此复杂的矛盾和挑战，需要在推进国家治理现代化过程中将社会运行的稳定性作为重点，推动发展与稳定的平衡，增强治理的全面性、系统性和协同性，更加有效地整合国家、社会和公众的力量，共同进行国家治理。当然，这一过程本质上也是公共权力逐步向社会公众回归的过程，是不断促进社会运行稳定的基本价值追求实现的过程。

二、推进社会主义民主政治"三统一"和共同富裕的根本价值指向

国家治理现代化的根本价值指向没有变。既然国家治理现代化建立在中国特色社会主义的基础上，那么，中国特色社会主义的价值取向也理应成为国家治理现代化的价值指向，且应当是根本价值指向。也就是说，中国国家治理现代化坚持的根本价值并非别出心裁，它与中国特色社会主义具有一致性，继承了中国共产党一贯坚持的价值。在中国共产党所追求的价值谱系中，坚持推进社会主义民主政治"三统一"（党的领导、人民当家作主、依法治国的有机统一）和共同富裕是贯穿始终的价值目标，具有统领性和支撑性，因此它们可以作为国家治理现代化的根本价值指向。

其一，坚持党的领导、人民当家作主、依法治国有机统一，是发展社会主义民主政治的核心要义。将推进社会主义民主政治"三统一"作为国家治理现代化的根本价值指向，不仅决定了国家治理现代化的社会主义方向，而且对其他价值追求具有重要影响。在国家治理现代化场域中，其他价值追求是这一根本价值的逻辑展开，具体来讲，这一根本价值指向的进展程度决定着公平、正义、责任、透明、廉洁、高效、和谐、文明、科学等价值的实现程度。此外，在对中国国家治理现代化的价值追求进行展开

时，虽然可以借鉴西方治理的文明成果和国际先进治理经验，但却必须坚守社会主义民主政治"三统一"的根本价值指向，否则国家治理就会偏离正轨。总之，"三统一"的价值指向从改革开放之初就确定下来，一直坚守而从未改变，如果改变了，也就改变了中国改革的社会主义方向。

其二，共同富裕是社会主义的本质要求，也是国家治理现代化的根本价值指向之一。共同富裕体现了中国传统理想社会憧憬在国家治理现代化实践中的不断创新，它不是一个固定抽象的政治概念。"治国之道，富民为始。"从马克思设想的"集体财富的一切源泉都充分涌流"[1]，到毛泽东表述的"使全体农村人民共同富裕起来"[2]，再到邓小平论述的"让一部分人、一部分地区先富起来，大原则是共同富裕"[3]，一直到习近平提出的"共同富裕路上，一个也不能掉队"[4]，走共同富裕之路，一直写在中国共产党奋斗的旗帜上。新时代中国共产党又强调，必须统筹好物质文明和精神文明的关系，既要物质富裕又要精神富足，既要富"口袋"又要富"脑袋"，促进人的全面发展和社会的全面进步。在整个中国共产党政治话语体系中，共同富裕经历了由边缘走向中心，由政治诉求为主转为政治诉求、经济要求、精神需求和文化底蕴的复合语义叠加。

三、迈向制度化、法治化、程序化治理的价值衡量标尺

推进国家治理现代化，还有一点需重点关注，即国家治理现代化的价值标尺是什么。基于基本价值追求和根本价值指向，中国国家治理现代化

---

[1] 马克思恩格斯文集：第3卷. 北京：人民出版社，2009：436.
[2] 毛泽东文集：第6卷. 北京：人民出版社，1999：437.
[3] 邓小平文选：第3卷. 北京：人民出版社，1993：166.
[4] 习近平谈治国理政：第3卷. 北京：外文出版社，2020：66.

应当包括制度化、法治化、程序化三种价值衡量标尺。或者讲，国家治理是否实现了现代化，须看它具不具备三种"现代性"：优势显著的制度、体系健全的法治、科学运行的程序。

其一，"经国序民，正其制度。"在社会前进道路中，特别是在国家治理现代化过程中，制度具有核心重要性，制度不彰则现代化不显。邓小平曾指出："制度好可以使坏人无法任意横行，制度不好可以使好人无法充分做好事，甚至会走向反面。"[①] 制度是国家治理的重要载体和保障，因此国家治理现代化价值追求的实现，必须以成熟稳定的制度作支撑，将制度化作为价值评价的第一把尺子。科学、合理和健全的制度是国家治理能力现代化的源泉和动力，制度化水平越高，越有助于国家治理能力的提高。另外，制度体系还要适应价值体系的要求，以治理的价值目标进行制度建构，否则制度对社会就会缺乏约束力，制度的强制性也会丧失合法性。一句话，没有价值的体现，制度就会像海市蜃楼般没有根基。

其二，法治原则是衡量国家治理现代化水平的重要价值标尺，同时也是构建国家治理体系的正当性基础。历史上，长期以来人治在治理中占据主导，而法治则被遮蔽或忽略。所谓"人治"，其主要遵循权力逻辑，体现为权力的至高无上，权力掌握者的意志超然于法律之上、游离于法律之外。在国家治理的现实中，法治意识的缺失一方面致使权力自我扩张、自我腐化，另一方面导致人民的权利得不到保障。中国国家治理现代化的推进，要用法治的原则来支配公共权力，建构"法无授权皆禁止"的政治秩序，彻底根除人治意识，坚守国家治理现代化的基本价值追求和根本价值

[①] 邓小平文选：第2卷.2版.北京：人民出版社，1994：333.

指向,实现国家治理由"威权型治理"向"法理型治理"转型,由"关系型支配"向"契约型支配"切换。

其三,程序化是实现国家治理现代化价值目标的又一支柱,标识着国家治理的科学性,体现为国家治理结构的合理性。一个组织能否发挥出应有的功能,同其是否具有科学的程序,以及是否严格按照程序办事密切相关。只有遵照程序推进国家治理,遵循程序化原则进行治理实践,"国家治理才能主动地加入到现代化浪潮的行列之中"[①]。实践证明,期待不合理的治理程序能够释放出较高的治理效能,几乎是妄谈。基于此,要以科学的态度建立规范的国家治理程序,减少不合理的程序安排,避免无视程序的治理行为。中国国家治理现代化的推进,始终坚守崇高的价值目标,以规范化的程序进行治理实践,符合国际先进治理理念,体现了与社会发展相适应、与基本价值追求和根本价值指向相契合的要求。

第五节
中国国家制度的价值比较优势

"国家治理模式不是任意选择的,常常与一个国家的历史演变过程有

[①] 范逢春. 国家治理现代化:逻辑意蕴、价值维度与实践向度. 四川大学学报(哲学社会科学版),2014(4):91.

着深刻关系，有着明显的途径依赖性。"① 由于现代性在中国展开的特殊历史情境，中国国家治理现代化之路自开始那一刻起，就被深深地打上了鲜明的中国烙印，其发展演变更是凸显出与西方现代化道路的差别，以及在治理价值上对西方的超越。中国国家治理现代化的价值超越，集中反映了国家制度的超越性，即其摒弃价值沿袭，展现出较强的国家制度生成、运行、创新优势，释放出极强的社会调适与意识形态整合优势，彰显出更强的应对外部冲击以及参与竞争优势。

一、展现较强的国家制度生成、运行、创新优势

其一，从制度生成上来看，中国的国家制度是人民主动选择的结果，体现着人民性的价值。由于资本主义国家的"利益是多元的，没有一致性的存在，要有不同的政党或政治组织代表不同的利益群体"②，由此，其制度的生成过程表现出斗争后妥协或为了取得斗争胜利而妥协的印记。譬如，为了推翻封建君主专制确立了资本主义民主制度，为了削弱国家对社会和市场的控制确立了资本主义自由制度，为了反对宗教神学发展出资本主义人本制度。直至今天，甚至连普通老百姓都深谙"斗争—妥协"之道，依靠游行示威来换取符合自身利益的制度。相反，中国国家制度的生成却不是被迫的，它一开始就是全体中国人民共同利益的综合，并且这种综合是主动选择的结果。因此，在国家治理现代化过程中，中国国家制度的产出效率更高、效用更强，具有较强的延续性。

---

① 张雅勤. 论国家治理体系现代化的公共性价值诉求. 南京师大学报（社会科学版），2014（4）：30.
② 秦刚. 中国特色社会主义制度的比较优势. 中共中央党校学报，2015（6）：30.

其二，从制度运行上来看，中国的国家制度具有真实的民主性，而西方资本主义则无视民主的价值，在运行中效率普遍低下。一方面，由于资本主义国家多实行多党制和分权制衡的制度设计，因而其制度在运行中，经常会遭到来自不同利益集团、政党的或公开反对，或无休止的牵制阻挠，党争纷至，互相侵害，从而致使制度运行的效率不高。马克思曾针对资本主义制度的弊病指出："各式各样的机构彼此牵制，以致互相使对方完全瘫痪，从而使整个机构无所作为。"① 另一方面，理论上西方分权制衡的制度设计是力求兼顾各方利益，规避重大失误的出现，但在实践中通常却变成了资产阶级内部利益的妥协和均衡，民主的痕迹在此荡然无存。如"一人一票"的选举制度，其本意是通过"让人民自己做决定"的方式实现民主，然而在具体运行中，选举却沦为"有钱人的游戏"，民主变成了虚伪的面具。相反，中国秉持民主集中制原则，既发扬了民主精神，又保证了制度运行的效率，在国家治理中展现出独特的优势。

其三，从制度创新上来看，中国的国家制度在创新能力上优势显著。由于现代化起步较早、成就较多，西方资本主义国家内在地伴有膨胀心理，它们拒斥甚至蔑视其他制度类型，没有对其他制度文明学习和借鉴的意识，因而缺乏制度创新的动力。有的制度形成已久，它们不愿改变；有的制度羁绊不断，它们难以改变；有的制度只有遭遇重大危机，它们才会改变。与其相反，中国国家制度却具备较强的自我完善能力，显示出开放包容、不断创新的优势。习近平总书记指出："中华民族是一个兼容并蓄、海纳百川的民族，在漫长历史进程中，不断学习他人的好东西，把他人的

---

① 马克思恩格斯全集：第 10 卷．北京：人民出版社，1962：623.

好东西化成我们自己的东西"①。另外，根据唯物史观的观点，任何先进的制度，都是暂时的、阶段性的，现在先进不代表未来先进；任何制度也都是历史的、具体的，都无法永恒不变地存在。因此，中国国家制度正是在时代变迁中做出了相应的变革，其先进性才得以保持，其推动国家治理现代化的价值优势才得以彰显。

二、释放极强的社会调适与意识形态整合优势

其一，较之于西方国家，中国的国家治理现代化反对价值优越，在社会调适层面释放出极强的组织动员优势。资本主义产生以后，其凭借机器大工业的发展极大地提高了生产力，并在短时间内就建立了资本主义世界体系。如马克思、恩格斯所言："资产阶级在它的不到一百年的阶级统治中所创造的生产力，比过去一切世代创造的全部生产力还要多，还要大。"② 与资本主义经济飞跃相伴的，是"制度优越论"和"价值优越论"的兴起。一段时期，资本主义曾被誉为人类文明的前进方向和价值追求。资本主义制度之所以优势显著，与其早期对社会的统摄、对治理的工具理性与价值理性的统合有关。然而，今天这种优势却基本丧失，甚至还面临着全面崩盘的危险。在西方治理制度下，国家具有先天的优越感，国家与社会之间处于对立状态，因此国家对社会的调适能力严重受限。这种调适能力包括国家"从社会中获得财政、人力等支持的能力，也涵盖国家对社会秩序的维持、社会结构的规约和资源的分配等能力"③。社会调适能力的

---

① 习近平谈治国理政：第1卷.2版.北京：外文出版社，2018：105-106.
② 马克思恩格斯文集：第2卷.北京：人民出版社，2009：36.
③ 王志强，梁钦.中国社会主义制度的国家治理能力优势：基于与西方资本主义制度的比较.社会主义研究，2020（6）：4.

降低，使国家有时为了获得支持不得不接受选民的非理性、不合理要求，有时又为了平衡社会关系导致国家公共事业与人民利益脱节，社会的发展受到多重阻碍。与之不同，中国的国家治理则反对价值优越，国家重视对社会的调适，国家与社会呈现出一种交流互动的模式。无论是政治制度的设计，还是社会治理政策的产生，都一直强调国家与社会的良性互动，注意保持两者的"协作式"联系。无疑，与西方国家相比，这能有效避免治理中自上而下的暴力统治，以及你死我活、赢者通吃的对垒，在社会调适的力量和效果上显然更具优势。

其二，较之于西方国家，中国的国家治理现代化在社会意识形态整合层面释放出极强的优势。一方面，由于西方国家在外认为自身的制度具有优越性，在内认为国家优先于社会，因此其国家治理缺少整体性，社会分化严重，意识形态整合难度极大。另一方面，由于私有制已从经济领域渗透至治理领域，在涉及国家治理中的利益时，西方国家往往把政党、小团体甚至是个人的利益凌驾于整体利益之上，这样一来，不仅无法寻求社会意识形态的最大公约数，而且还会造成社会的撕裂和分裂，消解社会的整体意志。近年来，西方国家普通民众和政府的冲突不断，各种大规模示威游行、抗议活动频繁发生，实际上就是意识形态整合不力的表现。与之大不相同的是，中国在推进国家治理现代化的进程中非但避免了社会内部的意识形态分裂，还提升了社会整体性，有效增强了社会整合力。一方面，国家治理在思维上注重整体性。中国提倡"不谋全局者，不足谋一域""计利当计天下利"，在实践中强调社会的整体利益、国家的长远利益，努力寻求全社会意愿和要求的最大公约数。另一方面，国家治理在方式上注重运用"协商民主"。在面对社会内部矛盾、问题和利益差异时，中国采取的并非对抗式手段,而是协商型方法。在国家治理中,协商的过程就是集思广益的过程,就是统一思想、凝聚共识的过程,就是科学制定治理决策的过程。协商"以制度化的形式协调利益关系,整合利益分歧,有利于在国家治理现代化中实现利益整合"[1]。综合来看,中国国家治理现代化追求的是一种主体价值的平等,由此它才实现了意识形态的整合、社会力量的汇聚。

三、彰显更强的应对外部冲击以及参与竞争优势

现代化理论试图把所谓西方国家的现代化道路粉饰成具有普遍性的发展模式,认为所有国家都应走在这条道路上,认为西方国家掌握着现代化的"专利权",所有发展中国家必须依附于西方国家方能开启现代化进程。但在中国,从戊戌变法、辛亥革命开始,这条道路就被证明是行不通的,是根本无法适应中国国情的。中国国家治理现代化超越了对西方现代化的价值依附,它是中国共产党实践探索的结果,在道路上具有自主性,在价值选择上不受西方意识形态的左右,由此彰显出更强的外部优势。

其一,与西方国家比较,中国的国家治理现代化在应对外部冲击上具有优势。具体而言,应对外部冲击的优势主要体现为维护主权与领土不受侵害的能力,而这种能力又主要源于中国的政治稳定和思想统一。一方面,中国具有同西方迥异的政治模式。西方国家是"定期换人换党"或者"既不换人也不换党",而中国采取的则是定时换人但不换党。这种政治模

---

[1] 李俊,张英. 人民政协推进国家治理现代化的重要作用. 理论视野,2020(8):17.

式不仅可以摒弃终身制带来的独裁统治，而且能够保证政治肌体中新鲜血液的不断注入，避免了西方政治势力频繁更替的乱象。此外，西方国家根深蒂固的社会矛盾还经常引发经济危机，普通民众苦不堪言，而中国实行短期与长远相结合的发展规划，并在国家治理实践中不断调整，这十分有利于经济的总体运行和社会的健康稳定。另一方面，中国在统一思想上具有与西方不同的价值选择。在中国，我们确立和坚持马克思主义在意识形态领域指导地位的根本制度，坚持集体主义的原则，强调维护社会的团结统一，从而具备凝聚社会意志的思想基础。而在西方，为反封建而兴起的个人主义价值观念，虽一时带来了个人思想的解放，但却造成了利己主义盛行，以及统一社会思想难度加大。

其二，与西方国家比较，中国国家治理现代化在参与国际竞争中具有优势。从理论上讲，"只要没有国家能将世界上'分而治之'的众多国家统合为一个国家，国家间相互竞争，尤其是大国间相互竞争的严峻局面就将持续下去"[①]。实践充分证明："现代化并不一定意味着西方化。"[②] 中国在不放弃自己的价值、体制和实践的前提下，不仅能够推进自身治理的现代化，还能够推动全球治理的现代化。资本主义把人看成是利益冲突对立的物种，在这种世界观基础上所建构的国家治理无论在制度上还是在行动上，都正如西方国家向我们呈现的那样，面对全球新冠疫情大流行，它们不是合作应对而是到处"甩锅"。而中国的国家治理现代化却将全球治理纳入其中，提出了"构建人类命运共同体"的理念和主张，即在更高的层

---

① 黄清吉. 论国家应对他国竞争的能力. 上海行政学院学报，2018（5）：27.
② 塞缪尔·亨廷顿. 文明的冲突与世界秩序的重建. 周琪，刘绯，张立平，等译. 北京：新华出版社，1999：70.

面上去认识国家治理，致力于寻找人类的共同价值，清除人类发展的共同阻碍。"人类命运共同体"的出场，是中国面向国际社会承担大国责任的需要，也是国家治理现代化进步的新要求，反映了中国共产党谋求人类和平与发展的责任担当，彰显了中国国家治理相对于西方国家治理在参与国际竞争上的价值优势。

第五章

"五位一体"总体布局中的价值定位

中国特色社会主义建设是一个有机整体。经济建设、政治建设、文化建设、社会建设、生态文明建设"五位一体"总体布局不仅指明了奋斗的目标，更蕴含着深刻的内涵和价值维度。所谓"不谋全局者，不足谋一域"。如何结合创新、协调、绿色、开放、共享的新发展理念，理解"五位一体"总体布局的价值定位，对于我们树立整体性的战略眼光，从而指导实践落实这一战略布局和发展中国特色社会主义具有重要意义。

第一节 新发展理念的价值维度

新发展理念是党中央立足我国新发展阶段，以马克思主义为指导，在科学发展观的基础之上提出来的"创新、协调、绿色、开放、共享"的五大发展理念。

一、新发展理念的科学基础

首先，新发展理念的科学性体现在从中国具体国情出发，着力解决发展中面临的突出问题和挑战。改革开放以来，我国在经济、政治、文化发展等方面取得了举世瞩目的成就，人口大国优势凸显，物质资源丰富，市场空间广阔，经济发展长期向好。与此同时，我国在发展的过程中也暴露出一些问题,核心问题是发展不平衡、不协调、不可持续。其中城乡、区域发展不平衡,收入差距大,创新意识和创新能力欠缺,生态环境逐渐恶化等是主要问题。进入新时代,为了更准确地应对战略机遇期,更有效地面对风险和挑战,针对我国发展中存在的上述问题,党的十八届五中全会通过的《中共中央关于制定国民经济和社会发展第十三个五年规划的建议》提出:"实现'十三五'时期发展目标,破解发展难题,厚植发展优势,必须牢固树立创新、协调、绿色、开放、共享的发展理念。"[①] 在圆满完成"十三五"时期发展目标的基础上,我国实现了全面建成小康社会的伟大目标,迈入了新的发展阶段。党的十九届五中全会通过的《中共中央关于制定国民经济和社会发展第十四个五年规划和二〇三五年远景目标的建议》提出,要"坚定不移贯彻创新、协调、绿色、开放、共享的新发展理念,坚持稳中求进工作总基调"[②]。在未来的一段时间里,新发展理念将会继续引领我国进行科学发展、协调发展、绿色发展,取得更丰硕的发展成果。

其次,新发展理念的科学性体现在以马克思主义为理论指导,坚持以人民为中心的发展思想。马克思主义坚持实事求是,为中国的社会发展变革提供了科学的方法论。马克思主义理论是为人类求解放的理论,马克思主义为争取实现没有压迫、没有剥削、人人平等、人人自由的共产主义社会指明了方向。所以,以人民为中心,是我国制定一切方针政策的出发点,也是新发展理念形成的理论支点。历史的经验告诉我们,只有坚持一

---

① 中共中央关于制定国民经济和社会发展第十三个五年规划的建议. 人民日报,2015-11-04(1).

② 中共中央关于制定国民经济和社会发展第十四个五年规划和二〇三五年远景目标的建议. 人民日报,2020-11-04(1).

切为了人民，一切依靠人民，一切发展成果由人民共享，我们的国家才能不断取得进步，我们的民族才能不断发展壮大。新发展理念也是党和国家在实践中总结宝贵经验而形成的科学的理念。实践不仅是改变世界的行动，也是推动世界发展的动力，是检验真理的唯一标准。党坚持在实践中认识真理，在实践中检验真理，在实践中发展真理。新发展理念就是对科学发展观的创新发展。

新发展理念是与中国社会发展逻辑相一致、与发展速度相匹配、与发展目的相适应的科学的理念，它以马克思主义理论的科学性、人民性、实践性为基础构建起来，是符合我国现实要求和长期发展的正确的理念。

二、新发展理念的价值目标

进入新时期，高举中国特色社会主义伟大旗帜，为全面建设社会主义现代化国家开好局、起好步，是贯彻落实新发展理念的价值所在。新发展理念一经提出，就是为了着力解决我国发展中存在的问题，对症下药，为发展扫清障碍。

创新发展体现了我国注重发展效率的提升。创新是引领发展的第一动力。发展的动力决定发展的速度、效能、可持续性。习近平总书记指出："抓住了创新，就抓住了牵动经济社会发展全局的'牛鼻子'。"[1] 发展效率的提高依赖于发展的动力，创新是动力的来源，是发展列车的发动机。只有通过创新提高发展的动力，才能实现发展动力转换，真正提高发展效率。在现代化进程中我们已经意识到，掌握先进科技，在科技领域内锐意

---

[1] 习近平谈治国理政：第2卷. 北京：外文出版社，2017：201.

进取，不断地突破和创新，才是一个国家跻身世界强国的重要因素。

协调发展是持续健康发展的内在要求。协调发展的提出，要求我们必须牢牢把握中国特色社会主义事业总体布局，正确处理发展中的重大关系，重点促进城乡、区域协调发展，促进经济社会协调发展，促进新型工业化、信息化、城镇化、农业现代化同步发展，在增强国家硬实力的同时注重提升国家软实力，不断增强发展整体性。优化区域经济布局，优化国土空间开发保护格局，深入实施区域重大战略，深入实施区域协调发展战略，积极拓展海洋经济发展空间。

绿色发展体现了我国发展不仅尊重人类社会的发展规律，而且尊重自然界的客观规律。自在世界和属人世界密不可分，尊重自然就是保护人类自身。在资源趋紧、环境污染严重的今天，尊重自然资源，保护生态环境，是经济行稳致远、社会安定和谐的必要条件。

开放发展体现了我国尊重经济全球化和世界历史的发展规律，是繁荣发展的必由之路。在历史上，我们经历过闭关锁国带来的重创和计划经济的低效率发展阶段。开放发展，是中华民族用血和泪的教训换来的经验，所以我们现在要全方位、多领域的开放，内外联动，积极探索。

共享发展是中国特色社会主义的本质要求，体现了我国坚持以人民为中心的发展思想。要让人民真正享有社会发展和改革开放的成果，让人民真正获得满足感、幸福感。"水能载舟，亦能覆舟。"人民是一个国家的根本。习近平总书记在庆祝中国共产党成立100周年大会上的讲话中提出"江山就是人民、人民就是江山，打江山、守江山，守的是人民的心"[1]。

---

[1] 习近平. 在庆祝中国共产党成立 100 周年大会上的讲话. 人民日报，2021 - 07 - 02（2）.

只有尊重人民，依靠人民，始终关心人民的生活，为人民创造福祉，才能守住人民的心。

新发展理念的五个方面内容全面，体现了党在新的发展阶段全面建设社会主义现代化的能力和决心。党的二十大报告提出贯彻新发展理念是新时代我国发展壮大的必由之路，完整、准确、全面贯彻新发展理念是关系我国发展全局的一场深刻变革。其内在要求和价值目标是推动社会全面进步和人的全面发展。

第二节
经济建设的价值维度

一、经济发展在现代化建设中的基础地位

党站在历史和全局的战略高度，在十八大报告中提出，"建设中国特色社会主义，总依据是社会主义初级阶段，总布局是五位一体，总任务是实现社会主义现代化和中华民族伟大复兴"[①]，并对推进新时代"五位一体"总体布局做了全面部署，从经济、政治、文化、社会、生态文明五个

[①] 胡锦涛. 坚定不移沿着中国特色社会主义道路前进 为全面建成小康社会而奋斗：在中国共产党第十八次全国代表大会上的报告. 北京：人民出版社，2012：13.

方面，制定了新时代统筹推进"五位一体"总体布局的战略目标。

在经济建设方面，党的十八大报告指出："以经济建设为中心是兴国之要，发展仍是解决我国所有问题的关键。"① 经济发展是国家发展的重要部分和关键环节，党牢牢抓住并大力推进经济建设这一"关键部分"，通过全面深化经济体制改革、实施创新驱动发展战略、推进经济结构战略性调整、推动城乡一体化建设、全面提高对外开放水平等一系列政策大力推进经济建设发展。党的十九大报告指出："实现'两个一百年'奋斗目标、实现中华民族伟大复兴的中国梦，不断提高人民生活水平，必须坚定不移把发展作为党执政兴国的第一要务，坚持解放和发展社会生产力，坚持社会主义市场经济改革方向，推动经济持续健康发展。"② 经济建设是社会发展的基础，也是推动社会进步的强大动力，解放和发展生产力是社会主义的本质要求，因此，在我国经济发展进入新常态的时代背景下，我们必须把经济建设放在社会发展中的核心地位，坚持"五位一体"总体布局，以全面深化改革推动经济的高质量发展，为实现社会主义现代化打下牢固的经济基础。

经济发展得好，"五位一体"总体布局的根基就打得好，政治、文化、社会、生态文明才能建设好，人民的生活才有可能越过越好。

二、经济建设中的若干矛盾及其解决

我国经济长期平稳向好发展，有赖于我国加快建设现代化经济体系，

---

① 胡锦涛. 坚定不移沿着中国特色社会主义道路前进 为全面建成小康社会而奋斗：在中国共产党第十八次全国代表大会上的报告. 北京：人民出版社，2012：19.
② 习近平谈治国理政：第3卷. 北京：外文出版社，2020：23.

构建新发展格局，积极解决经济建设中暴露出的矛盾。其中发展动力和发展效率之间的矛盾、全面发展和局部发展之间的矛盾、经济发展和生态环境保护之间的矛盾、对内联动和对外开放之间的矛盾、做大"蛋糕"和分好"蛋糕"之间的矛盾，是发展过程中面临的突出矛盾。想要解决这些矛盾，需要我们坚定不移贯彻创新、协调、绿色、开放、共享的新发展理念，坚持稳中求进工作总基调，以推动高质量发展为主题，以深化供给侧结构性改革为主线，以改革创新为根本动力，以满足人民日益增长的美好生活需要为根本目的，统筹发展和安全，加快建设现代化经济体系，把新发展理念完整、准确、全面贯穿于发展全过程和各领域，构建新发展格局，切实转变发展方式，推动质量变革、效率变革、动力变革，实现更高质量、更有效率、更加公平、更可持续、更为安全的发展。

解决发展动力和发展效率之间的矛盾，要把创新摆在发展全局的核心位置。发展动力在发展全局中具有引领作用，发展动力是发展全局这一整体的重点和矛盾的主要方面。继而，创新发展让我们以重点突破带动整体推进，在整体推进中实现重点突破，实现发展效率的稳步提升。创新发展不仅要坚持全面系统的观点，而且要抓住关键，以重要领域和关键环节的突破带动全局。发展的过程兼具渐进性与飞跃性，发展效率的提高面临着社会发展瓶颈的制约，而创新发展提供的动力成为突破瓶颈，从而体现发展的飞跃性的关键。只有凭借创新这个发动机，才能成功推进产业升级、突破瓶颈，从而进一步提高发展效率，将发展推进到下一个历史周期。

协调发展就是要解决全面发展与局部发展之间的矛盾。协调全面发展和局部发展也需要我们坚持"重点论"和"两点论"的统一。在经济落后的时期，要集中力量发展有经济、资源、能源优势的地区，由于当时综合国力有限，全面发展成为矛盾的次要方面。但新形势下，我们需要对全面发展有更深刻的认识。如果只顾已经发展起来的城市和地区，城乡、区域差距就会越来越大，一系列社会矛盾会不断加深，这些不稳定的因素反而会令发展的效率大打折扣。因而，统筹兼顾，全面深化对协调发展的认识，在新形势下显得尤为重要。协调发展在新形势下具有一些新特点。协调发展不仅是"重点论"和"两点论"的统一，也是目的和手段的统一。局部发展作为全面发展的手段，为全面发展创造更多有利资源和条件，而局部地区的发展本身也是发展的目的。

绿色发展就是要解决好人与自然和谐共生问题。人类的发展活动必须尊重自然、顺应自然、保护自然，否则必然遭到大自然的报复。这是无法抗拒的历史规律。人与自然之间的关系在马克思主义的基本原理中是一个十分重要的论题。要充分实现绿色发展，把握好人与自然的辩证关系尤为重要。人与自然是生命共同体。人和自然是一种共生关系，对自然的伤害最终会伤及人类自身。恩格斯指出："我们不要过分陶醉于我们人类对自然界的胜利。对于每一次这样的胜利，自然界都对我们进行报复。"[1] 因而，要在人与自然和谐共生的基础上进行生产活动，而不是为了一时的眼前利益，对自然进行过分的开发和攫取。习近平总书记强调："当人类合理利用、友好保护自然时，自然的回报常常是慷慨的；当人类无序开发、粗暴掠夺自然时，自然的惩罚必然是无情的。人类对大自然的伤害最终会伤及人类自身，这是无法抗拒的规律。"[2] "绿水青山就是金山银山。"我们需要把握好人与自然的辩证统一关系，把握好经济发展和生态文明建设之

---

[1] 马克思恩格斯文集：第9卷. 北京：人民出版社，2009：559-560.
[2] 习近平谈治国理政：第3卷. 北京：外文出版社，2020：360-361.

间的关系，推进绿色发展，推动自然资本的增殖，继而由经济发展得到实实在在的环境效益，全面提升生态文明。

开放发展注重的是解决内外联动问题。要用好国内国际两个市场、两种资源，需要我们解决好对内联动和对外开放之间的矛盾。扩大对外开放，同时也就是带动创新、推动改革、促进发展。我国 40 多年来的发展成就极大地得益于对外开放，在经济全球化的大环境下，我国经济与世界经济呈现为相互依存、相互影响的关系。在这种环境下，各国走向开放、走向融合，逐渐形成了利益共同体、责任共同体、命运共同体。习近平总书记强调："必须坚持扩大开放，不断推动共建人类命运共同体。"[①] 只有进一步地推动对外开放，才能推动整个人类命运共同体的欣欣向荣，在互惠共赢的条件下，增进各国的民生福祉，同时也达到更高水平的内外联动。

随着我国经济发展的"蛋糕"不断做大，分配不公平的问题逐渐显现出来，在"蛋糕"做大的过程中，一部分弱势群体的利益缺乏完善的保障。共享发展就是要解决社会的公平正义问题，解决做大"蛋糕"和分好"蛋糕"的矛盾，也即权衡效率和公平的关系。经济的发展水平是实现共享发展的基础。习近平总书记指出："实现社会公平正义是由多种因素决定的，最主要的还是经济社会发展水平。"[②] 做大"蛋糕"是基础，通过提高发展质量和效益，生产出更多更好的物质精神产品，惠及人民。但过分注重效率，不注重如何分好"蛋糕"，将造成社会分配不公平的问题，反而无法调动人民做大"蛋糕"的积极性。分好"蛋糕"也就是让广大人民

---

① 习近平谈治国理政：第 3 卷. 北京：外文出版社，2020：187.
② 中共中央文献研究室. 十八大以来重要文献选编：上. 北京：中央文献出版社，2014：553.

群众共享改革发展成果，解决好分配不公问题，使发展的成果更多和更公平地惠及人民，发展好最广大人民的根本利益，从而调动全体人民推动发展的积极性、主动性和创造性。分好"蛋糕"可以推动人民把"蛋糕"做得更大。人民是推动发展的根本力量，在发展的道路上，秉承以人民为中心的共享发展思想理念尤为重要。

三、对"富强"目标的解读

"富强"指的是国家强盛，人民富裕。党的百余年历史，是一部披荆斩棘的奋斗史。在党的带领下，我国综合国力持续提升，在经济发展、科技创新、环境保护等各个方面都取得了巨大的进步。同时，我国国际地位显著提升，在外交中掌握了话语权，彻底告别了积贫积弱的旧中国。中国人民迎来了从站起来、富起来到强起来的伟大飞跃，2020年我国消除了绝对贫困，取得了全面建成小康社会的举世瞩目伟大成就。这一切都说明了国家的发展和人民的命运紧密相连。在波澜壮阔的百余年历史中，中国共产党始终坚持联系人民、团结人民和依靠人民，强调坚持以人为本，着力保障和改善民生，促进社会公平正义，使人民生活水平显著提高。

"富强"是社会主义核心价值观的基本内容之一，也是社会主义的重要价值目标。国家富强是促进社会全面进步和人的全面发展的基础，也是社会主义现代化建设的重要导向。马克思主义认为，生产力的高度发展是共产主义社会实现的必然条件，又是共产主义社会的一个重要特征。"富强"这一理念的核心要义就是发展生产力，创造和积累物质财富。"富强"这一目标的实现将为共产主义社会这一伟大目标提供物质基础和社会条件，为未来社会消灭剥削、打破旧式分工、实现人的全面发展创造条件。

它不仅体现了社会发展的客观规律，也体现了社会主体的需要。

"富强"反映了社会主义事业发展的基本要求和人民群众的根本愿望。如今，发展是第一要务已经成为党和各族人民的共识。在处于并将长期处于社会主义初级阶段的情况下，中国必须处理好做大"蛋糕"和分好"蛋糕"的关系。在这一国情下，我们必须推动发展，建立富强的社会主义现代化国家。这不仅体现了全国各族人民的共同追求，也反映了我们党的坚强意志。

建设富强的社会主义现代化国家，要求我们坚持初心使命，贯彻落实新发展理念，坚持国家利益至上，完善我国基本经济制度和分配制度，不断壮大我国的经济实力和综合国力，全面贯彻党的领导，实现共同富裕，让中国人民享有更加幸福安康的生活，让中华民族以更加昂扬的姿态屹立于世界民族之林。

第三节

政治建设的价值维度

一、以"社会主义民主"为价值指向

人民民主是社会主义的生命，没有民主就没有社会主义，就没有社会主义的现代化，就没有中华民族的伟大复兴。中华人民共和国的一切权力

属于人民，必须切实保障人民通过各种途径和形式管理国家事务和社会事务、管理经济和文化事业的权利。发展社会主义民主政治就是要体现人民意志、保障人民权益、激发人民创造活力，用现代化的制度体系保证人民当家作主。

十月革命一声炮响，给中国送来了马克思列宁主义，也为苦苦寻求民族解放和复兴的仁人志士带来了崭新的民主思想。中国共产党自诞生之日起，就把为中国人民谋幸福、为中华民族谋复兴作为自己的初心使命，始终将为人民争取民主权利作为不懈追求和价值遵循。1949年中华人民共和国宣告成立，中国共产党领导中国人民建立了工人阶级领导的、以工农联盟为基础的人民民主专政的国家政权，彻底变革了中国几千年来的压迫与剥削的阶级关系，使广大劳动人民真正成为国家的主人。1978年12月，党的十一届三中全会重新确立了"解放思想、实事求是"的思想路线，实现了新中国成立以来党的历史上具有深远意义的伟大转折，开启了改革开放和社会主义现代化的伟大征程，为社会主义民主政治建设奠定了坚实的基础。改革开放40多年来，中国共产党带领全国各族人民坚定不移地走中国特色社会主义政治发展道路，不断健全和完善人民当家作主制度体系，持续推进社会主义民主政治建设，取得了一系列历史性、开创性的伟大成就。党的十九届四中全会指出，我国国家制度和治理体系具有"坚持人民当家作主，发展人民民主，密切联系群众，紧紧依靠人民推动国家发展的显著优势"[1]。历史和实践已经证明，社会主义民主符合我国历史文化传统和经济发展状况，是维护人民根本利益的最广泛、最真实、最管用的

---

[1] 中共中央关于坚持和完善中国特色社会主义制度 推进国家治理体系和治理能力现代化若干重大问题的决定. 北京：人民出版社，2019：3.

民主。

新时代中国特色社会主义民主表现为"全过程人民民主",即贯穿在人民当家作主的全过程、各环节。2019年11月,习近平在上海市长宁区虹桥街道古北市民中心考察时强调,"我们走的是一条中国特色社会主义政治发展道路,人民民主是一种全过程的民主"[①]。全过程人民民主深刻体现了人民享有的权利是真实而广泛的,真正将人民的主体地位落实到社会生活的各个方面、各个领域和各个环节。这一表述既是对新时代中国特色社会主义民主政治的最新概括,也是中国共产党和全体中国人民对人类社会新型民主形式的积极探索和时代回答。

二、以"党的领导"为政治前提

党政军民学,东西南北中,党是领导一切的。中国共产党的领导是中国特色社会主义最本质的特征,也是中国特色社会主义制度的最大优势,是党和国家的根本所在、命脉所在,是全国各族人民的利益所系、命运所系。不断巩固党总揽全局、协调各方的领导核心作用,既源自对马克思主义理论的深刻把握,也源自对中国革命、建设、改革实践经验的科学总结,历史和人民选择了中国共产党。在党的百余年奋斗历程中形成的毛泽东思想、邓小平理论、"三个代表"重要思想、科学发展观、习近平新时代中国特色社会主义思想,都在不同历史时期、不同历史条件下深刻阐明了党的领导地位和作用,并且不断推动党的建设伟大工程迈向新阶段新胜利,带领中国人民不断从胜利走向胜利。习近平在主持十九届中央政治局

---

① 中共中央宣传部. 习近平新时代中国特色社会主义思想学习问答. 北京:人民出版社,2021:280.

第五次集体学习时指出："党的十八大以来，我们对坚持党的领导不仅在理论上有了新认识，而且在实践中有了新探索，完善了党对一切工作领导的体制机制。"① 进入新时代，坚持和完善中国特色社会主义制度、推进国家治理体系和治理能力现代化，已经成为当前中国共产党所面临的重大课题。这项课题能否回答好、解决好，关键在于中国共产党的领导。只有坚持党的全面领导，不断健全党的领导制度体系，完善党的领导实现形式，坚定不移走中国特色社会主义道路，才能确保我国社会主义现代化建设正确方向，确保拥有团结奋斗的强大政治凝聚力、发展自信心，集聚起万众一心、共克时艰的磅礴力量。

党的领导核心地位得以不断巩固，离不开党勇于自我革命、从严管党治党的决心和勇气。不断加强党的各方面建设，是百年大党始终焕发生机活力、奋斗在时代前列的关键要领，也是党继续巩固和深化自身领导地位的内在条件。新时代，中国共产党治国理政的内外环境更加复杂多变，提高党的领导水平和执政水平，加强党的执政能力建设和先进性、纯洁性建设面临着许多新问题和新挑战。我们必须深刻认识到党的建设过程中出现的"四大考验"和"四种危险"，牢固树立"四个意识"、坚定"四个自信"、做到"两个维护"，不断提高政治判断力、政治领悟力、政治执行力，增强全体党员的党性修养。只有贯彻新时代党的建设总要求，才能不断巩固和加强党的全面领导，维护党中央权威和集中统一领导，从而提高党科学执政、民主执政、依法执政水平。

党的领导地位和作用在防范化解重大风险和直面挑战的实践中不断得

---

① 习近平. 学习马克思主义基本理论是共产党人的必修课. 求是，2019（22）：10.

到检验和确证。特别是在抗击新冠疫情的斗争中，中国共产党成为全体中国人民凝心聚力抗击疫情的主心骨。2021年7月1日，习近平总书记在庆祝中国共产党成立100周年大会上的讲话中提出："以史为鉴、开创未来，必须坚持中国共产党坚强领导。办好中国的事情，关键在党。中华民族近代以来180多年的历史、中国共产党成立以来100年的历史、中华人民共和国成立以来70多年的历史都充分证明，没有中国共产党，就没有新中国，就没有中华民族伟大复兴。"① 在新的征程上，必须充分发挥党总揽全局、协调各方的领导核心作用，团结和动员一切有利于社会主义现代化建设的积极力量，奋力实现社会主义现代化强国目标。

三、实现现代化"民主"目标的基本路径

党的十九届五中全会提出，要在2035年基本实现国家治理体系和治理能力现代化，人民平等参与、平等发展权利得到充分保障。到那时，党的领导、人民当家作主、依法治国将达到高度有机统一。人民民主更加充分发展，人民代表大会制度和中国共产党领导的多党合作和政治协商制度更加完善，人权得到充分保障，人民积极性、主动性、创造性进一步发挥。

坚定不移走中国特色社会主义政治发展道路。新时代不断推进中国特色社会主义民主政治建设，必须坚定不移走中国特色社会主义政治发展道路，其显著特征就是坚持党的领导、人民当家作主、依法治国的有机统一。这不仅是中国特色社会主义的内在要求，也是推进国家治理体系和治理能力现代化的重要保证。党的十九届五中全会将"推进社会主义政治建

---

① 习近平. 在庆祝中国共产党成立100周年大会上的讲话. 人民日报，2021-07-02（2）.

设"作为实现"十四五"规划和 2035 年远景目标的重要内容,并提出"坚持党的领导、人民当家作主、依法治国有机统一,推进中国特色社会主义政治制度自我完善和发展"[1]。首先,党的领导是人民当家作主和依法治国的基本前提和根本保证。中国共产党是中国工人阶级的先锋队,是中国人民和中华民族的先锋队。只有坚持党的领导,才能切实维护人民的根本利益,真正实现人民当家作主;只有坚持党的领导,才能确保宪法和法律真正代表人民的意志,有效推进全面依法治国的进程。其次,人民当家作主是社会主义民主政治的本质特征和鲜明特色。作为马克思主义执政党,中国共产党将全心全意为人民服务作为党的根本宗旨,这也是党一切工作的出发点和落脚点。必须坚持立党为公、执政为民,做到一切为了人民、一切依靠人民,始终把维护人民的根本利益放在第一位。最后,依法治国是党领导人民治理国家的基本方式和重要保障。党的十九大强调,"明确全面推进依法治国总目标是建设中国特色社会主义法治体系、建设社会主义法治国家",党的十九届四中全会进一步提出,要"坚持和完善中国特色社会主义法治体系,提高党依法治国、依法执政能力"。坚持依法治国,必须构建决策科学、执行坚决、监督有力的权力运行机制,全面推进科学立法、严格执法、公正司法、全民守法。

健全人民当家作主制度体系。发展社会主义民主政治,必须以保证人民当家作主为根本,健全人民当家作主制度体系,注重完善民主制度、丰富民主形式,从各层次各领域扩大公民有序政治参与,充分发挥我国社会主义政治制度的优越性。人民当家作主制度体系是党治国理政战略部署中

---

[1] 中共中央关于制定国民经济和社会发展第十四个五年规划和二〇三五年远景目标的建议.人民日报,2021-11-04(1).

的重要制度架构，是推进国家治理体系和治理能力现代化的独特优势。第一，要高度重视并不断发展人民代表大会制度这一根本政治制度，提升宪法法律的权威性，推动科学立法、民主立法、依法立法。第二，不断完善中国共产党领导的多党合作和政治协商制度，发扬社会主义协商民主，提高参政议政、民主监督、政治协商能力。第三，巩固民族区域自治制度，在新的历史条件下进一步发挥其加强民族团结平等、促进民族地区发展、增强中华民族凝聚力等方面的重要作用。第四，完善基层群众自治制度，着力推进基层直接民主制度化、规范化、程序化，畅通民主渠道，创新基层民主实现形式。第五，继续巩固和发展党在长期革命、建设、改革过程中形成的爱国统一战线，做好统战工作，牢牢把握大团结大联合的主题，解决好人心和力量的问题。

丰富和拓展人民民主的实现方式。民主的形式及其实现方式是丰富多样的，不可能千篇一律，更不可能有一种放之四海而皆准的固定模式。习近平在中央政协工作会议暨庆祝中国人民政治协商会议成立70周年大会上的讲话中指出，"实现民主政治的形式是丰富多彩的，不能拘泥于刻板的模式"[1]。党在长期革命、建设、改革过程中不断探索创新，形成和发展了选举民主、协商民主等多样的社会主义民主形式。选举民主，即人民通过投票的方式表达自身意愿、行使自身权利，既是实现人民有序政治参与的重要形式，也是协调社会利益关系的有效途径。协商民主，即在人民内部围绕治国理政重大决策问题开展广泛协商，努力形成共识。两者既是中国特色社会主义民主的独特实现形式，也是真正能够做到有事好商量、众

---

[1] 习近平谈治国理政：第3卷. 北京：外文出版社，2020：294.

人的事众人商量的优势选择。多种民主形式各有优势、互为补充，由此形成了完整、配套的民主实现方式。因此，必须不断丰富民主形式、拓宽民主渠道，将人民民主落实到治国理政的各个领域、各个方面、各个环节。

新时代面向新的百年征程，我们必须坚持以人民为中心的核心价值，坚持和维护人民主体地位，坚定不移走中国特色社会主义政治发展道路，健全民主制度、丰富民主形式、拓宽民主渠道，依法实行民主选举、民主协商、民主决策、民主管理、民主监督，使各方面制度和国家治理更好体现人民意志、保障人民权益、激发人民创造，保证人民依法通过各种途径和形式管理国家事务，管理经济文化事业。唯有如此，才能够更好地推进国家治理体系和治理能力现代化，才能够激发并保持社会主义民主政治的强大生命力，为实现第二个百年奋斗目标、实现中华民族伟大复兴提供坚强保障。

第四节

文化建设的价值维度

一、文化自信的战略地位

文化是一个国家、一个民族的灵魂。没有高度的文化自信，没有文化的繁荣兴盛，就没有中华民族的伟大复兴。统筹推进"五位一体"总体布局，协调推进"四个全面"战略布局，建设富强民主文明和谐美丽的社会主义现代化强国，文化都是不可或缺的重要一环。文化自信是坚定道路自信、理论自信、制度自信的题中应有之义，是更基础、更广泛、更深厚的自信，也是一个国家、一个民族发展中更基本、更深沉、更持久的力量。从推进中国式现代化和实现中华民族伟大复兴的高度来看，以习近平同志为核心的党中央第一次明确把坚定文化自信作为文化发展乃至整个社会主义现代化事业发展的精神支撑。

文化自信是中华民族现代化进程和为实现中华民族伟大复兴中国梦奋斗实践的观念反映，是中国特色社会主义建设经验特别是文化建设经验的总结概括，是新时代民族文化精神的重要标识。一个国家的文化与其历史传统息息相关。中华文化蕴含着中华民族悠久历史发展的脉络图景，并以其历史延续性构成我国国情的重要组成部分，成为全体中华儿女共同的精神家园和文化基因。作为人类精神活动的产物，中国特色社会主义文化源自中华民族五千多年文明历史所孕育的中华优秀传统文化，熔铸于党领导人民在革命、建设、改革中创造的革命文化和社会主义先进文化，植根于中国特色社会主义伟大实践。文化自信是中国特色社会主义文化发展的内生动力，其实质是中国特色社会主义的自信。

文化自信延续在国家和民族的精神血脉里。习近平指出："在几千年的历史流变中，中华民族从来不是一帆风顺的，遇到了无数艰难困苦，但我们都挺过来、走过来了，其中一个很重要的原因就是世世代代的中华儿女培育和发展了独具特色、博大精深的中华文化，为中华民族克服困难、生生不息提供了强大精神支撑。"[①] 中国共产党在百余年奋斗中形成了伟大

---

① 中共中央文献研究室．习近平关于社会主义文化建设论述摘编．北京：中央文献出版社，2017：6.

建党精神和中国共产党人的精神谱系；在党的领导下，中华民族和中国人民在长期奋斗中形成了井冈山精神、延安精神、"两弹一星"精神、抗美援朝精神、改革开放精神、抗疫精神等伟大精神，锤炼出鲜明的政治品格，彰显了一代又一代中国共产党人"为有牺牲多壮志，敢教日月换新天"的革命豪情，为实现中华民族伟大复兴凝聚起奋勇前进的强大精神力量。

中华优秀传统文化蕴含的思想观念、人文精神、道德规范，是我们中国人思想和精神的内核，决定了中华文明连续性、创新性、统一性、包容性、和平性的突出特性。中华文明的连续性，决定了它绵延五千多年而从未间断，并从根本上决定了中华民族必然走自己的路；中华文明的创新性，决定了中华民族守正不守旧、尊古不复古，不惧新挑战、勇于接受新事物；中华文明的统一性，决定了各民族文化融为一体，中国人具有国土不可分、国家不可乱、民族不可散、文明不可断的共同信念，国家统一是中国核心利益的核心；中华文明的包容性，决定了中华民族交往交流交融的历史取向，中国各宗教信仰多元并存的和谐格局，中华文化对世界文明兼收并蓄的开放胸怀；中华文明的和平性，决定了中国始终是世界和平的建设者、全球发展的贡献者、国际秩序的维护者，追求文明交流互鉴而不搞文化霸权。这些突出特性构成中华民族坚持历史自信、文化自信的重要基础。

文化自信，是一个国家、一个民族、一个政党对自身历史文化传统和精神气节的高度认同，对自身文化价值和文化意蕴的充分肯定，对自身文化发展道路和生命力的坚定信心。当今世界，要说哪个政党、哪个国家、哪个民族能够自信的话，中国共产党、中华人民共和国、中华民族是最有理由自信的。中国式现代化事业中的文化自信，集中表现在对马克思主义理论指导下的先进文化的高度认同与自信，表现在对中华优秀传统文化的高度重视与发扬，表现在对世界文明成果的开放心态和批判性借鉴吸收的态度。坚持文化自信是文化建设的基本前提，不忘本来、吸收外来、面向未来成为文化建设的基本原则。这从根本上保证了文化建设的正确方向。必须清楚地认识到，各个国家的历史传统、文化积淀、基本国情不同，其发展道路必然有自身的民族特色；中华文化积淀着中华民族最深沉的精神追求，是中华民族生生不息、发展壮大的丰厚滋养；中华优秀传统文化是中华民族的突出优势，是中国最深厚的文化软实力；中国特色社会主义根植于中华文化沃土，反映中国人民意愿，适应中国和时代发展进步要求，有着深厚历史渊源和广泛现实基础。

二、提高社会文明程度的目标导向

文明是现代化国家的重要标志，社会文明程度的提高是社会发展进步的衡量指标，也是社会和谐稳定的重要体现。作为建设社会主义文化强国的重大任务，提高社会文明程度能够为社会主义现代化建设提供不竭的精神动力和丰厚的文化滋养。党的十九大报告指出，"要提高人民思想觉悟、道德水准、文明素养，提高全社会文明程度"。《中共中央关于制定国民经济和社会发展第十四个五年规划和二〇三五年远景目标的建议》中的文化建设部分进一步提到，要提高社会文明程度，提升公共文化服务水平，健全现代文化产业体系。其中，"提高社会文明程度"居于文化建设三个重点任务中的首位。

作为社会文明程度的核心概念，"文明"一词源远流长，学界对其有深刻的解读和多种定义。文明总是与科学、进步相关联，与野蛮、无知相对立，人类社会进步发展的历史就是摆脱愚昧、走向文明的过程。党的十九大报告在两种意义上使用了"文明"一词：一是在描述现代化强国目标时，提出富强、民主、文明、和谐、美丽五个具体特征。这里的文明，是作为文化建设这一方面相对应的特定目标而存在的。二是从"五位一体"总体布局的角度，提出到21世纪中叶"我国物质文明、政治文明、精神文明、社会文明、生态文明将全面提升"的社会发展图景。这里的文明则是从普遍意义上代指国家在经济建设、政治建设、文化建设、社会建设、生态文明建设五个方面的发展成果。

全面建成小康社会和全面建设社会主义现代化国家无不包含了提高社会文明程度的重要目标。这一目标是中国特色社会主义事业的重要组成部分，植根于中国特色社会主义的实践，体现社会主义制度的性质，反映社会全面进步和人的全面发展要求。党的十六大报告在首次提出全面建设小康社会时就提出了"全民族的思想道德素质、科学文化素质和健康素质明显提高"的目标。党的十七大报告在提出实现全面建设小康社会奋斗目标的新要求时，进一步提出"加强文化建设，明显提高全民族文明素质。社会主义核心价值体系深入人心，良好思想道德风尚进一步弘扬"。党的十八大报告明确把"公民文明素质和社会文明程度明显提高"作为2020年实现全面建成小康社会宏伟目标的新要求。党的十九大报告从全面建设社会主义现代化国家的高度进一步强调了"提高全社会文明程度"的目标，并指出：从2020年到2035年，"社会文明程度达到新的高度，国家文化软实力显著增强，中华文化影响更加广泛深入"；从2035年到21世纪中叶，"我国物质文明、政治文明、精神文明、社会文明、生态文明将全面提升",到那时,全社会文明程度显著提高,而且已渗透到社会主义现代化强国的整体目标之中了。党的二十大报告对"提高全社会文明程度"进行了深入阐释,提出实施公民道德建设工程,弘扬中华传统美德,加强家庭家教家风建设,统筹推动文明培育、文明实践、文明创建,加强国家科普能力建设,完善志愿服务制度和工作体系,弘扬诚信文化等重要举措。新时代中国特色社会主义文化事业以提高社会文明程度为目标,以建设社会主义核心价值体系为任务,以面向现代化、面向世界、面向未来为取向,是具有民族性、科学性和人民性的先进文化。

三、实现现代化"文明"目标的基本路径

中国现代化事业发展与文化进步紧紧交织在一起。中国式现代化进入新阶段,需要有更多的文化动力或文化支撑。党的十九届五中全会从战略全局的高度对文化建设做出了顶层设计,明确提出到2035年建成文化强国。这是党的十七届六中全会提出建设社会主义文化强国以来,中共中央首次明确了建成文化强国的具体时间表,标志着党进一步深化了对文化建设的重要地位及其规律的认识,为扎实推进社会主义文化强国建设提供了目标遵循。因此,必须坚定不移地走中国特色社会主义文化发展道路,毫不动摇地坚持马克思主义在意识形态领域的指导地位,弘扬中华优秀传统文化,培育和践行社会主义核心价值观,建设中国特色社会主义文化强国。

坚持马克思主义根本指导思想不动摇,坚持马克思主义植根中华优秀传统文化土壤不停步。马克思主义既是文化发展的指导思想,又构成当代中国文化的最重要的有机组成部分;中华优秀传统文化是当代中国文化的

根或历史基础。习近平总书记在庆祝中国共产党成立100周年大会上的讲话中明确提出"两个结合"的重大命题，即把马克思主义基本原理同中国具体实际相结合、同中华优秀传统文化相结合，体现了对马克思主义中国化时代化的规律性认识。历史和现实表明，只有植根本国、本民族历史文化沃土，马克思主义真理之树才能根深叶茂；只有夯实马克思主义中国化时代化的历史基础和群众基础，马克思主义才能回答好中国之问、世界之问、人民之问、时代之问，才能在中国大地深深扎根。在五千多年中华文明深厚基础上开辟和发展中国特色社会主义，必须把马克思主义基本原理同中国具体实际、同中华优秀传统文化相结合。"两个结合"揭示了开辟和发展中国特色社会主义的必由之路，也揭示了党推动理论创新和文化繁荣的必由之路。

广泛弘扬和传播社会主义核心价值观。文化的核心是价值观，文化建设的中心任务是价值观建设。社会主义核心价值观是社会主义先进文化和当代中国精神的凝练表达，集中体现着中华儿女的共同价值追求。从党的十八大报告提出积极培育和践行社会主义核心价值观，到党的十九大报告把社会主义核心价值观列为社会主义核心价值体系的重要内容，再到党的二十大报告全面阐述社会主义核心价值观的引领作用，逐渐形成了中国特色社会主义文化发展的价值观念体系。这个体系概括来说，就是以人民至上的价值理念为根本，以社会主义核心价值理念为主要内容，以全人类共同价值理念为拓展内容。"富强、民主、文明、和谐，自由、平等、公正、法治，爱国、敬业、诚信、友善"的社会主义核心价值观，从整体上回答了国家发展目标、社会前进方向、公民行为基本准则等方面的问题。党的十九大把坚持社会主义核心价值体系列为新时代坚持和发展中国特色社主义的十四条基本方略之一，提出了培养担当民族复兴大任的时代新人的目标和要求。新时代要坚持以社会主义核心价值观引领文化建设，整合社会意识，凝聚社会共识，铸造中国精神；以培养担当民族复兴大任的时代新人为着眼点，强化教育引导、实践养成、制度保障；发挥社会主义核心价值观对精神文明创建、精神文化产品创作生产传播的引领作用；把社会主义核心价值观融入社会发展各方面，转化为人们的情感认同和行为习惯，为发展中国特色社会主义事业提供强大精神动力和凝聚力。

健全文化事业和文化产业体系。发展文化事业和文化产业是新时代满足人民日益增长的美好生活需要的必然要求，也是激发全民族文化创造活力的重要条件。党的十九大报告指出，要满足人民过上美好生活的新期待，丰富人民的精神食粮，完善公共文化服务体系，健全现代文化产业体系和市场体系，并对发展文化事业和文化产业提出了新的要求。公共文化服务是实现人民基本文化权益的重要途径，深化文化体制改革必须深入推进公共文化服务体系改革，建成覆盖范围广泛、安全便捷高效的现代公共文化服务体系。文化产业作为一种现代产业形态，愈加凸显出市场在文化资源配置中的积极作用。因此，推动文化体制改革必须加快构建统一开放、竞争有序的现代文化市场体系，完善促进文化产业发展的市场机制，实现文化产业结构优化升级。

提高国家文化软实力。文化软实力集中体现了一个国家基于文化而具有的凝聚力和生命力，以及由此产生的吸引力和影响力。伴随综合国力的提升，新时代的中国日益走近世界舞台中央，中华文化对世界的影响也愈加广泛而深入。党的十八大以来，G20 杭州峰会、上海合作组织青岛峰会、"一带一路"国际合作高峰论坛、中国文艺工作者代表团赴朝鲜访问等重大主客场外交活动的开展，有力地展现了中华文化良好形象，进一步提升了中华文化的世界影响力。党的十九届五中全会明确提出，"以讲好中国故事为着力点，创新推进国际传播，加强对外文化交流和多层次文明对话"①。对外讲好中国故事，就是要讲好中国和平发展、谋求共赢的故事。具体来说，就是要讲清楚中华民族伟大复兴中国梦与世界人民谋求和平发展共同梦想之间的相通性，充分展示中国历史底蕴深厚、各民族多元一体、文化多样和谐的文明大国形象，充分展示中国为人类做出贡献的负责任的社会主义大国形象，增强世界各国人民对人类命运共同体的情感认同和价值认同。

实现中华民族伟大复兴一定程度上就是要实现中华文明的复兴。党的十九届四中全会提出，"发展社会主义先进文化、广泛凝聚人民精神力量，是国家治理体系和治理能力现代化的深厚支撑"②，并从巩固马克思主义意识形态指导地位、弘扬社会主义核心价值观、保障人民文化权益等多个方面提出了新时代深化文化体制改革的具体任务，为我们坚持和完善社会主义先进文化制度指明了前进方向。必须贯彻落实中国特色社会主义文化的总要求，以马克思主义为指导，坚守中华文化立场，立足当代中国现实，结合当今时代条件，发展面向现代化、面向世界、面向未来的，民族的科学的大众的社会主义文化，推动社会主义精神文明和物质文明协调发展。

---

① 中共中央关于制定国民经济和社会发展第十四个五年规划和二〇三五年远景目标的建议．人民日报，2020-11-04（1）.
② 中共中央关于坚持和完善中国特色社会主义制度 推进国家治理体系和治理能力现代化若干重大问题的决定．北京：人民出版社，2019：22.

第五节
社会建设的价值维度

一、民生问题的多维透视

民生是人民幸福之基、社会和谐之本,保障和改善民生要强化增进民生福祉的制度保障。保障和改善民生,带领人民创造更加幸福美好的生活,是中国共产党始终不渝的奋斗目标。习近平总书记指出:"保障和改善民生没有终点,只有连续不断的新起点,要采取针对性更强、覆盖面更大、作用更直接、效果更明显的举措,实实在在帮群众解难题、为群众增福祉、让群众享公平。"① 随着新时代我国社会主要矛盾转化为人民日益增长的美好生活需要和不平衡不充分的发展之间的矛盾,人民的需求更加多样,党中央将保障和改善民生放在优先发展地位,不断加大民生投入力度,扎实稳妥推进民生建设,使我国民生建设的各个领域取得了历史性成就。

其一,突出教育优先的战略地位,各类教育事业蓬勃发展。教育是民生之基,是强国之基。党的十九大报告提出:"建设教育强国是中华民族

---

① 习近平谈治国理政:第 2 卷. 北京:外文出版社,2017:362.

伟大复兴的基础工程,必须把教育事业放在优先位置,深化教育改革,加快教育现代化,办好人民满意的教育。"① 新时代,党中央大力推进教育强国工程,完善教育立法,以培养新时代接班人为目标深化育人体系改革。当前,我国教育事业呈现出全面、协调、健康发展的良好局面,不仅实现了教育总体发展水平进入世界中上行列,保障亿万人民群众受教育的权利,而且积极拓展同世界各国的教育交流,扩大中国教育的世界影响力。

其二,实施就业优先战略和积极的就业政策,维护社会和谐稳定。就业为民生之本,是人民生活得到保障和改善的基本前提。我国长期实施就业优先战略,完善就业引导调控机制,打造良好的就业生态;完善重大战略实施就业影响评估与调整机制,是我国就业制度和政策更好适应新时代经济社会变革加速的新常态;推进城乡就业服务均等化,推动职业技能培训全民化、终身化,着力完善重点群体就业支持政策体系,建立均衡、普惠、全民共享的一体化就业服务制度体系,使社会弱势群体的就业得到基本保障,从而有效促进就业公平。

其三,完善社会保障体系,强化社会保障兜底功能。社会保障体系是民生安全网、社会稳定器,是人民幸福安康、国家长治久安的基本保障。党的十九大报告明确提出,要"按照兜底线、织密网、建机制的要求,全面建成覆盖全民、城乡统筹、权责清晰、保障适度、可持续的多层次社会保障体系"②。为此,我国加快健全统筹城乡的基本养老保险制度和医疗保险制度,构建城乡一体、灵活多样、覆盖全民的社会救助体系,加快完善社会救助、社会福利、慈善事业、优抚安置等制度,健全城乡弱势群体、

---

① 中共中央党史和文献研究院. 十九大以来重要文献选编:上. 北京:中央文献出版社,2019:32.
② 中共中央党史和文献研究院. 十九大以来重要文献选编:上. 北京:中央文献出版社,2019:33.

残疾人士等特殊群体人员的帮扶救助体系，在加快推进社会保障事业发展方面取得了丰硕的成就。

其四，脱贫攻坚取得重大历史性成就。完成脱贫攻坚、全面建成小康社会的历史任务，实现第一个百年奋斗目标，这对党和人民事业的发展具有重大意义。经过全党全国的不懈奋斗，脱贫攻坚战取得了全面胜利，现行标准下9899万农村贫困人口全部脱贫，832个贫困县全部摘帽，12.8万个贫困村全部出列，区域性整体贫困得到解决，历史性地完成了消除绝对贫困的艰巨任务。2021年7月1日，习近平在天安门城楼上庄严宣告：我们实现了第一个百年奋斗目标，在中华大地上全面建成了小康社会，正在意气风发向着全面建成社会主义现代化强国的第二个百年奋斗目标迈进[①]。

其五，实施健康中国战略，不断完善国民健康政策。健康是促进人的全面发展的必然要求，是经济社会发展的基础条件，是民族昌盛和国家富强的重要标志，也是广大人民群众的共同追求。为此，我国积极构建覆盖全龄段、全生命周期的国民健康保障政策体系，贯彻落实《"健康中国2030"规划纲要》精神，使人民在健康普查、营养保障、疾病救治等方面获得更多政策优惠。持续推进医药卫生体制改革，健全基本医疗卫生制度。坚持中西医并重，打造中医药和西医药相互补充、协调发展的中国特色卫生健康发展模式，传承创新发展中医药事业。完善重大公共卫生事件防疫防控体系，完善重大疫情预警监测及联防联控机制，彰显中国特色社会主义社会治理体系的强大优势。

---

① 习近平. 在庆祝中国共产党成立100周年大会上的讲话. 人民日报，2021-07-02（2）.

二、社会建设的基本经验

首先，新时代中国特色社会主义社会建设要牢牢立足于现实国情。当今世界正处于百年未有之大变局，我国踏上"十四五"规划新征程，朝着 2035 年远景目标行进。面对发展与挑战并存、机遇与风险交织的国内外环境，只有根据我国社会发展的实际情况，科学准确地制定社会建设重大举措，才能适应不断变化的新阶段、新要求。中国特色社会主义进入新时代，我国社会主要矛盾已经转变为人民日益增长的美好生活需要和不平衡不充分的发展之间的矛盾，人民需求呈现出多层次、多样化特征。我国针对这一新变化，及时调整社会建设具体方略，不断深化改革，推动社会主义社会建设各项事业取得突出成就。继续扎实稳妥推进社会主义社会建设，既要牢牢把握我国仍处于并将长期处于社会主义初级阶段这一基本国情，也要清醒认识我国仍是世界上最大的发展中国家这一国际地位。

其次，新时代中国特色社会主义社会建设要坚持以人民为中心。党的十九大报告提出，中国共产党始终把人民对美好生活的向往作为奋斗目标，中国共产党人的初心和使命，就是为人民谋幸福、为民族谋复兴。作为马克思主义执政党，中国共产党奉行人民群众是历史的创造者这一颠扑不破的真理，将全心全意为人民服务作为党的根本宗旨，这是中国共产党区别于其他一切政党的根本标志。在社会主义社会建设的具体实践中，一方面，必须将维护最广大人民的根本利益作为各项事业的出发点和落脚点，解决好人民群众最关心、最直接、最现实的利益问题，把人民拥护不拥护、赞成不赞成、高兴不高兴作为检验党一切工作成效的标准，在任何时候都把群众利益放在第一位；另一方面，要充分发挥人民群众参与社会治理的积极性、主动性和创造性，尊重人民群众的主体地位和首创精神，激发人民群众推进社会主义社会建设的内生动力。百余年来，中国共产党领导社会建设的历史进程及成就，极大彰显了以人民为中心的价值理念。

最后，新时代中国特色社会主义社会建设要充分发挥制度优势。制度具有根本性、全局性、长期性和稳定性的特征，是社会建设的重要工具和手段。社会建设是社会主义现代化建设的重要内容和关键环节，涉及人民生活的各个领域、各个方面，必须出台相应的制度和政策加以保障。历史和实践证明，中国共产党始终坚持通过制度体系来规范和推进社会治理，整体规划、系统推进，并通过各项事业的改革破除妨碍社会发展的体制机制障碍。特别是中国特色社会主义进入新时代以来，党和政府制定、完善了一系列卓有成效的法律规章制度，为社会建设提供了强有力的制度体系支撑，推动社会公平正义，实现社会和谐稳定、人民安居乐业、国家长治久安。

三、实现现代化"和谐"目标的基本路径

当前，我国民生和社会建设开始进入面向 2035 年基本实现社会主义现代化、完善适应社会主义现代化新阶段的民生保障与基本公共服务体系的新时代。党的十九届五中全会提出："坚持人民主体地位，坚持共同富裕方向，始终做到发展为了人民、发展依靠人民、发展成果由人民共享，维护人民根本利益，激发全体人民积极性、主动性、创造性，促进社会公平，增进民生福祉，不断实现人民对美好生活的向往。"[1]

---

[1] 中共中央关于制定国民经济和社会发展第十四个五年规划和二〇三五年远景目标的建议．人民日报，2020-11-04（1）.

以保障和改善民生问题为着眼点。党始终把满足人民对美好生活的新期待作为发展的出发点和落脚点，强调增进民生福祉是发展的根本目的。面对民生领域工作的新要求，我们必须立足国家治理体系和治理能力现代化的总目标，必须多谋民生之利、多解民生之忧，在发展中补齐民生短板，促进社会公平正义，在幼有所育、学有所教、劳有所得、病有所医、老有所养、住有所居、弱有所扶上不断取得新进展，保证全体人民在共建共享发展中有更多获得感，不断促进人的全面发展、全体人民共同富裕，使改革发展的成果更多更公平地惠及全体人民。

以推进社会治理为抓手。加强和创新社会治理，坚持和完善共建共享共治的社会治理制度是坚持和发展中国特色社会主义制度、推进国家治理体系和治理能力现代化的题中应有之义，是增进人民福祉、维护社会稳定和国家长治久安的重要保障。从党的十九大提出以完善社会治理机制为重点打造共建共治共享的社会治理格局，到党的十九届四中全会提出以完善社会治理制度为重点建设人人有责、人人尽责、人人享有的社会治理共同体，我国社会治理改革迈入了新阶段。在新时代条件下，有效应对日益复杂的社会治理形势，就要坚定不移走中国特色社会主义社会治理道路，不断创新社会治理理念，加快转变社会治理模式，强化社会治理的制度建设，确保人民安居乐业、社会安定有序。

以摆脱"相对贫困"为课题。消除贫困是一个历史性、长期性的难题，全面建成小康社会标志着我国解决贫困问题的阶段性胜利，也开启了我国脱贫攻坚战的新篇章。为建立解决相对贫困的长效机制，党的十九届四中全会提出了具体的任务目标，这是党中央根据中国反贫困事业的实际进程而做出的科学判断。解决相对贫困问题是实现共同富裕的必要环节，只有真正解决了贫困这一人类历史难题，才能真正达到全体人民共同富裕。应当竭力实现制度建设，完善工作机制，强化对重点脱贫群体的监测预警，继续落实各项脱贫攻坚的帮扶措施和政策，切实防范出现系统性、区域性大规模的返贫现象。

以总体国家安全观为主旨。国家安全是实现国家发展、民族进步的基石，是实现和维护广大人民利益的根本前提。习近平强调："国泰民安是人民群众最基本、最普遍的愿望。实现中华民族伟大复兴的中国梦，保证人民安居乐业，国家安全是头等大事。"[①] 新时代的中国正处于实现中华民族伟大复兴的历史机遇期，正处于由发展中大国向社会主义现代化强国迈进的重要当口，正处于全球治理体系深刻调整的大变局时代，越是接近奋斗目标，我们面对的各种风险考验和重大挑战就越多，国家安全的重要性愈加凸显。以总体国家安全观为引领，坚持和健全中国特色国家安全体系，牢固树立国家安全意识，坚决维护国家核心利益，走出一条中国特色国家安全道路成为时势所需、战略所求。

以实现共同富裕为目标。共同富裕是中国特色社会主义的本质要求，也是一个长期的历史过程。贫穷不是社会主义，平均主义也不是社会主义，共同富裕这一目标取向代表了中国特色社会主义现代化道路与西方现代化道路的本质区别。这是一场以显著缩小地区差距、城乡差距、收入差距为标志的社会变革，真正实现基本公共服务均等化。党的十九届五中全会在描绘2035年基本实现社会主义现代化远景目标中提出"全体人民共同富裕取得更为明显的实质性进展"，在"改善人民生活品质，提高社会

---

① 中共中央党史和文献研究院. 习近平关于总体国家安全观论述摘编. 北京：中央文献出版社，2018：10.

建设水平"部分再次强调了"扎实推动共同富裕",并推出了相关配套措施。这既指明了社会主义现代化建设的前进方向和奋斗目标,也遵循了实事求是的原则,符合人类社会历史发展的客观规律,从而可以更加稳妥推进新阶段新工作,促进全体人民朝着共同富裕的目标迈进。

改革开放40多年来,党始终坚持以人民为中心,立足社会主义初级阶段的基本国情,持续推进社会发展领域改革深化,将党的领导和我国社会主义制度优势转化为社会治理优势,着力推进社会治理系统化、科学化、智能化、法治化,不断完善中国特色社会主义社会治理体系,确保人民安居乐业、社会安定有序、国家长治久安;强调要从保障和改善民生、创新社会治理、坚持总体国家安全观着手,强化制度体系建设,大力推进社会治理体系和社会治理能力现代化,走出一条中国特色社会主义社会治理之路,对深化社会治理制度体系改革提出了明确的任务要求。

第六节
生态文明建设的价值维度

一、生态环境的价值

联合国环境规划署于2016年5月在第二届联合国环境大会期间发布了《绿水青山就是金山银山:中国生态文明战略与行动》报告,其中阐述了"绿水青山就是金山银山"的中国生态发展模式。党的十九大报告指出,生态文明建设"必须树立和践行绿水青山就是金山银山的理念"。党的二十大报告再次强调,必须牢固树立和践行绿水青山就是金山银山的理念,站在人与自然和谐共生的高度谋划发展。党的十八大以来,以习近平同志为核心的党中央高度重视生态文明建设,把生态文明建设作为统筹推进"五位一体"总体布局和协调推进"四个全面"战略布局的重要内容,开展了一系列根本性、开创性、长远性工作,提出了一系列新理念新思想新战略,形成了习近平生态文明思想。

"绿水青山就是金山银山"这句话充分体现了生态环境建设具有的重要价值,也就是,生态文明的建设能为人类带来更大的福祉和经济利益。美好的生态环境本身就是我们需要追求的目标,这一价值在"人与自然的生命共同体"和建立"美丽中国"的目标中得以展现。

生态环境的价值体现在,自然界为人类提供了赖以生存和发展的自然资源。如果我们处理好同生态环境的关系,自然就会成为推进经济建设和社会发展的重要力量。马克思指出:"过于富饶的自然'使人离不开自然的手,就像小孩子离不开引带一样'。它不能使人自身的发展成为一种自然必然性。资本的祖国不是草木繁茂的热带,而是温带。不是土壤的绝对肥力,而是它的差异性和它的自然产品的多样性,形成社会分工的自然基础,并且通过人所处的自然环境的变化,促使他们自己的需要、能力、劳动资料和劳动方式趋于多样化。"[①] 而"绿水青山就是金山银山"说明了生态环境的发展和经济的发展密不可分。绿水青山既是自然财富,又是经济

---

① 马克思恩格斯文集:第 5 卷. 北京:人民出版社,2009:587.

财富。保护生态环境就是保护自然价值和增值自然资本，就是保护经济社会发展潜力和后劲，使绿水青山持续发挥生态效益和经济社会效益。改善生态环境就是发展生产力。良好的生态环境本身就蕴含着巨大的经济价值，"绿水青山"中蕴藏着"金山银山"的价值，通过利用自然资源优势，因地制宜发展绿色产业，就可以让绿水青山中蕴含的价值得以充分利用。

二、人与自然的生命共同体的构建

人与自然的关系不能被简单地理解为人利用自然、向自然索取的关系，人与自然是相互依存的。自然不仅构成人们生存和发展的生活环境，而且为人的生产活动提供物质资料或物质条件。

在中国传统思想中，就蕴含着人与自然和谐共生、尊重自然规律的观念。《庄子·齐物论》中说："天地与我并生，而万物与我为一。"宋代哲学家张载说："民吾同胞，物吾与也。"《孟子》中说："不违农时，谷不可胜食也；数罟不入洿池，鱼鳖不可胜食也；斧斤以时入山林，材木不可胜用也。"《荀子》中说："草木荣华滋硕之时，则斧斤不入山林，不夭其生，不绝其长也。"马克思更是对此有深刻的分析："自然界，就它自身不是人的身体而言，是人的**无机的身体**。人靠自然界**生活**。这就是说，自然界是人为了不致死亡而必须与之处于持续不断的交互作用过程的、人的**身体**。所谓人的肉体生活和精神生活同自然界相联系，不外是说自然界同自身相联系，因为人是自然界的一部分。"[①] 与此同时，人类的生存与发展是通过劳动实现的，劳动是"人和自然之间的物质变换的一般条件，是人类生活

---

① 马克思恩格斯文集：第1卷. 北京：人民出版社，2009：161.

的永恒的自然条件"①。"劳动首先是人和自然之间的过程，是人以自身的活动来中介、调整和控制人和自然之间的物质变换的过程。"② 因而，人的活动首先就是人和自然之间的相互作用的过程，人与自然必是不可分割的一个整体。既然生态环境对人类的生活与生产如此之重要，那么我们就必须"像保护眼睛一样保护生态环境，像对待生命一样对待生态环境"③。

三、对"美丽中国"目标的解读

为了实现国家永续发展，解决资源趋紧、环境污染严重等问题，党的二十大报告指出，"我们要推进美丽中国建设，坚持山水林田湖草沙一体化保护和系统治理，统筹产业结构调整、污染治理、生态保护、应对气候变化，协同推进降碳、减污、扩绿、增长，推进生态优先、节约集约、绿色低碳发展"④。美丽中国是生态文明建设的一大目标，它代表了人民对美好生活的愿景，同时也是生态文明建设价值的集中体现。

人民的美好生活造就美丽中国，美丽中国有赖于加强生态文明建设。建设美丽中国同时承载着人民对美好生活的向往。首先，"绿水青山就是金山银山"。生态文明建设和民生问题息息相关，经济发展和生态环境保护都是为了民生福祉。因此要转变经济发展方式，向资源节约型和环境友好型经济发展，提高发展效率，提升创新意识。中国地大物博，高山大川承载了我们太多的民族记忆，保护它们也是在保护我们的民族印记。其

---

① 马克思恩格斯文集：第5卷. 北京：人民出版社，2009：215.
② 马克思恩格斯文集：第5卷. 北京：人民出版社，2009：207-208.
③ 习近平谈治国理政：第2卷. 北京：外文出版社，2017：209.
④ 习近平. 高举中国特色社会主义伟大旗帜 为全面建设社会主义现代化国家而团结奋斗：在中国共产党第二十次全国代表大会上的报告. 人民日报，2022-10-26（1）.

次，我国社会主要矛盾已经转化为人民日益增长的美好生活需要和不平衡不充分的发展之间的矛盾。人们对清洁的空气、安全的食品、干净的水源的需要越来越高。人民美好生活的需要中也包含了日益增长的优美生态环境需要。

建设美丽中国这一目标体现了坚持以人民为中心、坚持人民至上的发展逻辑和价值导向。建设美丽中国就是最大限度地保证人民对美好生活的追求，它充分体现了人民至上这一核心价值维度。"人民对美好生活的向往是我们党的奋斗目标，解决人民最关心最直接最现实的利益问题是执政党使命所在。人心是最大的政治。我们要积极回应人民群众所想、所盼、所急，大力推进生态文明建设，提供更多优质生态产品，不断满足人民日益增长的优美生态环境需要。"[1] 与此同时，这一使命更是属于全体人民的。生态文明建设，人人都是参与者、保护者，也是受益者，没有人能够置身事外。随着国家发展，人民生活水平提高，人民对环保也越来越重视，要把保护环境、建设美丽中国转化为人们自觉的行动，使环保意识内化于心外化于行，为生态文明建设做出贡献。

---

[1] 习近平谈治国理政：第3卷. 北京：外文出版社，2020：359-360.

第六章

世界历史进程中的民族利益与全人类共同价值

现代化作为一股世界潮流，是中华民族一个半世纪的追求。当代中国特色社会主义现代化发展模式的成功确立与伟大成就，不仅在一个半世纪的中国现代化进程中具有划时代的意义，符合世界历史进程中的民族利益，而且在整个世界现当代以及人类文明发展进程中具有里程碑的意义。中国式现代化符合人类命运共同价值，是中国对现代化发展模式的创造性选择与独特性经验。当今世界处在何去何从的关口，在经济全球化、政治多极化、文化多样化、社会信息化的大发展大变革中，中国与世界早已形成了密不可分的命运共同体。中国所做出的人类命运共同体倡导符合民族利益与人类命运共同价值，是世界现代化进程中不可缺少的中国智慧与中国方案。

第一节　全球化与现代化

当前，世界之变、时代之变、历史之变正以前所未有的方式展开。党的二十大报告指出："和平赤字、发展赤字、安全赤字、治理赤字加重，人类社会面临前所未有的挑战。世界又一次站在历史的十字路口，何去何从取决于各国人民的抉择。"当今世界，无论是对现代化理论的考察，还是对现代化建设的探索，都离不开一个全球性的大背景，即全球化。全球化已经成为不可逆的世界发展大势。中国现代化的选择在全球化与逆全球化形势下展现了中国积极的全球化态度，符合世界期待与中国特色，是大国责任的担当与民族利益的选择。

一、"新全球化"背景下的中国现代化面临的挑战和机遇

马克思、恩格斯指出，随着世界市场和普遍交往的实现，历史向世界历史转变①。在世界交往相互依赖的全球化发展进程中，各个阶段有着不同的阶段特征。当前，全球化已经是全球发展既定的经济事实，习近平总书记指出："经济全球化是社会生产力发展的客观要求和科技进步的必然结果，不是哪些人、哪些国家人为造出来的。经济全球化为世界经济增长提供了强劲动力，促进了商品和资本流动、科技和文明进步、各国人民交往。"② 在世界百年未有之大变局的大背景下，世界多极化、经济全球化处于深刻的变化之中，各国之间相互联系、相互依存、相互影响更加密切，世界已经面临着从"旧全球化"向"新全球化"的转化，这为中国现代化带来了巨大的挑战与机遇。

旧全球化以资本主义发达国家，尤其是欧美国家为主导，以掠夺和占有超额利润的方式来实现其在世界范围内的权力扩张与霸权统治。与旧全球化不同的是，新全球化是坚持政治共商、经济合作、文化交流、创新协同和共同治理的新型模式，以推动世界经济朝着更公平、普惠、包容、平衡、共赢的方向发展为目标，致力于改变旧全球化以牺牲欠发达国家利益为代价的"利益至上"原则，打破发达国家在世界经济发展模式中的霸权

---

① 马克思恩格斯全集：第3卷. 北京：人民出版社，1960：52.
② 习近平谈治国理政：第2卷. 北京：外文出版社，2017：477.

地位，力图在世界经济政治发展不平衡、不稳定的格局中，及各种不利于全球化发展的逆全球化、反全球化局势下，建立起一个开放性的全球合作治理新格局。

新全球化主要有以下发展趋势：

第一，主导力量由一元到多元。自全球化兴起以来，其主导力量一直是西方发达资本主义国家，美国是全球化红利的最大受益者。自第二次世界大战之后，美国成为全球化的重要引领者和推动者，尤其是在 20 世纪 90 年代苏东剧变导致世界两大阵营解体美国独大之后，美国大力推动资本贸易全球流动，在全球化的过程中推进意识形态和价值观念的传播，进而扩大全球范围内的霸权统治。但在当今世界，新全球化意味着参与更加平等，平等指的就是参与的主体是平等且多元的。在新全球化的模式下，各个主权国家地位平等、相互尊重，以交流与合作代替强迫与附属，任何国家都不可能成为其他国家的命运操控者，各个国家都有走自己独特发展道路的权利，任何倡导西式全球化模式的主张，都将受到国际社会的谴责与抵制。

第二，发展模式排斥与包容并存。一方面，在全球化的发展进程中，对立与冲突、矛盾与分裂是不可避免的话题。无论是殖民主义、霸权主义还是帝国主义，都以"零和博弈"作为主要原则来主导全球化，排斥大国兴起，对新兴大国实行遏制与打压，认为不存在和平相处的可能性。尤其是以美国为首的霸权国家，为了维护其霸权地位以及消除潜在威胁，实施全球性的贸易保护政策，进而导致各个国家贸易摩擦不断增加。另一方面，在中国日益走近世界舞台中央的时代，中国方案为全世界提供了新的思想与理念，中国倡导的人类命运共同体理念与"一带一路"倡议，在促进新型全球化、贸易自由化、服务便利化方面充当"领头羊"角色，中国呼吁各个国家求同存异，互助进步，摒弃对立，寻求发展的最大公约数，建设和平的、包容的、平等的伙伴关系，共同促进全球化向共赢的方向发展。

第三，发展目标逐利与可持续并存。近年来，全球增长动能不足、全球经济治理滞后、全球发展失衡，已经成为国际社会面临的经济领域三大突出矛盾[1]。一方面，旧全球化遵循资本逻辑，以逐利为目的，有着不可避免的巨大弊端，习近平指出："我们不能回避经济全球化带来的挑战，必须直面贫富差距、发展鸿沟等重大问题。"[2] 除此之外，旧全球化带来的生态环境恶化、资源短缺以及社会问题也日益突出。另一方面，在中国的倡导下，新全球化以人类的共同利益为根本原则，兼顾当下与长远利益，以可持续发展为目标，面向未来与整个人类的发展。依靠科学技术的发展，依托第三次产业革命的成果，遏制负面问题的全球化，为世界发展营造了健康、绿色、和谐、可持续的发展环境。多元价值伴随着不同的发展目标渗透在全球化发展的方方面面，但其中的逆全球化、反全球化浪潮为世界和平发展增加了藩篱。

第四，发展领域由单向到全方位。旧全球化是生产社会化不断提高的过程，更多的是指资金、技术、贸易在全球流动使得各个国家联系越来越紧密的过程。当前，人类社会相互依存、命运与共的本质属性不会变，世界各国彼此需要共谋发展的经济态势不会变。随着生产力不断进步，科技

---

[1] 习近平. 共担时代责任 共促全球发展：在世界经济论坛2017年年会开幕式上的主旨演讲. 人民日报，2017-01-18（3）.

[2] 习近平. 在第七十五届联合国大会一般性辩论上的讲话. 人民日报，2020-09-23（3）.

加速发展，全球化的趋势越来越向不同领域扩展，社会、文化、安全、卫生等领域的交流与合作更加紧密，推动世界各国进行全方位、多层次的交流与交往，促进世界各国在全球化的不可逆潮流之下走向人类命运共同体。

自 2008 年国际金融危机之后，全球化趋势放缓，全球利益分配不平衡，一些发达国家为了维护自身的利益，出现了明显的逆全球化、反全球化倾向。国际贸易争端加剧，国际金融竞争激烈，给国际贸易与投资合作增加了不确定因素，也给中国的现代化进程添加了阻碍因素。然而，全球化大势不可逆，逆全球化更多的是对于现阶段经济全球化的调整与重构。在这一挑战之下，中国所倡导的人类命运共同体正是解决问题的关键出路与最优选择。

二、现代化进程中的中国与世界

新中国成立以来，中国共产党团结带领全国各族人民进行了艰苦卓绝的奋斗，打破了依附性的发展格局，进入了全新的现代化建设与发展的历史阶段。如今，中国已经成为世界和平的建设者、全球发展的贡献者、国际秩序的维护者。习近平总书记说："我们比历史上任何时期都更接近、更有信心和能力实现中华民族伟大复兴的目标。"[①] 而当今世界是一个变革的世界，是一个新机遇新挑战层出不穷的世界，是一个国际体系和国际秩序深度调整的世界，是一个国际力量对比深刻变化的世界。随着改革开放的不断深入和经济社会的不断发展，中国同世界的关系越来越紧密，中国

---

① 习近平谈治国理政：第 3 卷．北京：外文出版社，2020：12.

的发展离不开世界，世界的繁荣离不开中国。

认识世界发展大势，跟上时代潮流，是重中之重且常做常新的课题。中国的发展是世界整体发展中的部分，中国要发展，必须跟上世界发展潮流。中国的近代史可以说是从封闭走向开放的历史，历史和实践已经证明，封闭只能带来落后，中国对外开放的大门绝不会也不能关上。当今世界正处在大发展大变革大调整时期，人类社会面临的治理赤字、信任赤字、发展赤字、和平赤字有增无减，加快经济社会发展已经成为全球共识。全球数字经济是开放和紧密连接的整体，各个国家想要实现经济发展，合作共赢才是唯一正道。中国倡导的"一带一路"合作倡议向世界传达了中国的和平理念与开放思想，强调加强多边对话、大国切磋，才是目前发展的重要出路。

中国是世界和平的建设者。中国的迅速崛起难免让一些国家有所顾忌，一些发达资本主义国家甚至开始用"国强必霸论"来诽谤中国。中国不会走国强必霸的老路，国际社会出现的"中国威胁论""修昔底德陷阱"通通是大错特错的荒谬论调。习近平总书记强调："中华民族历来是爱好和平的民族，一直追求和传承和平、和睦、和谐的坚定理念。中华民族的血液中没有侵略他人、称霸世界的基因，中国人民不接受'国强必霸'的逻辑，愿意同世界各国人民和睦相处、和谐发展，共谋和平、共护和平、共享和平。"[①] 中华民族的伟大复兴是为中国人民谋幸福，为世界和平和人类进步做出更大贡献。和衷共济、和合共生是中华民族的历史基因，也是中华文明的精髓，中国共产党与中国人民历来是促进世界和平发展的积极

---

① 习近平出席中国国际友好大会暨中国人民对外友好协会成立60周年纪念活动并发表重要讲话. 人民日报，2014-05-16 (1).

力量。中国是联合国安理会常任理事国中派遣维和人员最多的国家，始终在做世界和平发展的引领者，在全球性问题上坚持和谐共商，加强沟通交流，倡导各个国家共同维护和平稳定的国际环境，抛弃过时的冷战思维，摒弃零和博弈思想，寻求共识、化解矛盾。

中国是全球发展的贡献者。自1978年改革开放以来，中国奉行对外开放政策，打开国门搞建设，既提高了综合国力，也对世界经济做出了巨大的贡献。今天的中国对世界经济的贡献率不容轻视。中国也在40多年中，从封闭的经济弱国，变成了开放的经济强国。通过坚持不懈地进行中国特色社会主义现代化建设，中国目前已经成为世界第一大贸易国与世界第二大经济体，中国经济的稳定增长成为世界经济的"定盘星"和"压舱石"。作为一个负责任的大国，中国努力解决世界第一人口大国的发展问题，不仅增进了14亿多人民的福祉，也为全球经济带来了机遇。中国提出的"一带一路"倡议，以政策沟通、设施联通、贸易畅通、资金融通和民心相通为着力点，与沿线国家展开全方位的沟通与合作，为世界和平发展提供有力保障。

中国是国际秩序的维护者。1971年，中国恢复联合国合法席位，这是联合国历史上一个里程碑式的事件。半个世纪以来，中国始终秉持共建共商共享原则，坚持真正的多边主义，维护以联合国为核心的国际体系和以国际法为基础的国际秩序，为推动建立更加公正合理的国际治理体系做出了巨大贡献。当今世界处在动荡的变革时代，人类共同面临着气候变化、资源短缺、生态危机、世界经济萎靡、恐怖主义等全球性问题。中国始终坚定和维护多边主义，倡导人类命运共同体，始终主持公平正义，积极参与国际治理，主动搭建平台寻找合作机会，致力于改变不公平不合理的全球治理体系,为新兴国家争取发言权而努力,促进发展中国家与发达资本主义国家展开对话,推动国际合作中权利平等、机会平等、规则平等,为完善全球治理贡献中国智慧。

第二节 中国现代化的民族性与世界性

中华民族伟大复兴是我们国家百年的期盼、千年的回响。实现中华民族伟大复兴离不开社会主义现代化,中国的现代化是中华民族实现伟大复兴的必由之路。中国共产党团结带领全国各族人民进行艰苦卓绝的斗争,坚定不移推进社会主义现代化建设,以中国式现代化推进中华民族伟大复兴。

一、中国现代化对中华民族伟大复兴的重大意义

中华民族以自己悠久的文明,创造过历史上一个又一个盛世。当然,中华民族伟大复兴并不是回到过去的荣光盛世,而是把中国建设成富强民主文明和谐美丽的社会主义现代化强国,屹立于世界的东方。

近代中国积贫积弱,内忧外患,任人宰割。早在鸦片战争之后,中国先进的知识分子就开始探索救亡图存的复兴之路。从这时开始,中国逐渐

从一个没落的封建王朝向现代民族国家转型，这个艰辛的探索是我国现代化的开端。自从革命先驱孙中山先生1894年建立兴中会喊出"振兴中华"的口号以来，复兴中华就是中华民族不懈奋斗追求的目标。而1921年中国共产党的成立，让中国的现代化建设与民族复兴有了新的希望。1949年中华人民共和国的成立，使中国现代化有了前提和可能，为实现民族复兴提供了条件。新民主主义革命的伟大成就集中体现为新中国的成立，至此中华民族在政治上"站起来"了，不再被帝国主义压迫，人民成了国家的主人。此后，中国又进行了社会主义改造，中国共产党团结带领全国各族人民开始了工业化和现代化建设的历史进程，集中力量建立中国独立的社会主义工业体系，努力实现"农业现代化、工业现代化、国防现代化和科学技术现代化"，改变旧中国极端贫穷落后的面貌，使中华民族自立于世界民族之林。1978年党的十一届三中全会后，我国进入了改革开放的新时期，明确继续坚持实现四个现代化的奋斗目标，并明确提出要"走一条中国式的现代化道路"。在正确认识了中国底子薄、人口多、耕地少的基本国情后，要走出一条"中国式的现代化道路"，实质上意味着首先要搞经济建设，发展国民经济，发展生产力。邓小平把民族复兴之路具体化为"三步走"战略。"三步走"战略是实现中国现代化的步骤，体现了现代化的战略目标和战略步骤的辩证统一，既适应中国特色社会主义的具体实际，又符合现代化建设的客观规律。1991年，江泽民在全面总结建党70年来中国现代化追求与探索的历程时，首次提出了"建设有中国特色社会主义的经济、政治、文化"，对"富强、民主、文明"的基本目标做了进一步阐释。此后，党的十四大把发展社会主义市场经济、建设社会主义民主政治和精神文明三者并列，将其作为中国特色社会主义的三大目标，进一步深化了"富强、民主、文明的社会主义现代化国家"的基本内涵。党的十五大正式提出了"中华民族伟大复兴"概念，党在政治、经济、文化三个方面的基本目标，既是现代化的具体实现目标，也是民族复兴的现实追求。随着新世纪的到来，我国开始实施第三步发展战略，进入全面建设小康社会、加快推进社会主义现代化的发展新阶段。党的十六大以后，以胡锦涛同志为总书记的党中央根据现阶段社会发展的新特点，提出了树立科学发展观和构建社会主义和谐社会的新思路。党的十六届六中全会明确指出："把我国建设成为富强民主文明和谐的社会主义现代化国家。"现代化国家的目标内涵丰富，体现了我们党在实现中华民族伟大复兴的中国梦进程中，对现代化的理解更加全面、更加务实、更加理性。党的十八大报告提出建设中国特色社会主义的总任务是"实现社会主义现代化和中华民族伟大复兴"，提出"两个一百年"的理想蓝图，在新的历史条件下全面建成小康社会，加快推进社会主义现代化，夺取中国特色社会主义新胜利。党的十九大宣布中国特色社会主义进入新时代，提出"社会主义现代化强国"奋斗目标，全党全国各族人民在习近平总书记的带领下，汇聚起全面建设社会主义现代化国家、实现中华民族伟大复兴中国梦的磅礴力量。

历史和实践表明，只有走中国特色社会主义道路，才能实现中国特色社会主义现代化和中华民族的伟大复兴。发展才是硬道理，社会主义现代化是实现中华民族伟大复兴的必由之路，中国向现代化每迈一步，都更加接近中华民族的伟大复兴。然而，实现中国特色社会主义现代化与中华民族的伟大复兴是一个艰巨且长期的伟大目标，需要全党全国上下勠力同心，立足中华民族伟大复兴战略全局和世界百年未有之大变局，坚持走中国式现代化道路，不断开拓创新，继往开来，攻坚克难，继续为人类做出更大的贡献。

二、中国现代化对世界历史发展的深刻影响

随着全球现代性理论构建与现代化实践发展，与西方现代化条件不同、价值观迥异的中国，以马克思主义为指导，走出了一条独特的中国式现代化道路。中国式现代化道路规避了西方现代性所面临的系统性危机，以人本逻辑消弭了西方国家资本逻辑所带来的乱象丛生。中国式现代化，是物质的现代化、精神的现代化、治理的现代化、生态的现代化与人的现代化的有机统一，这既是回答现代化道路的"世界之问"，也是社会主义优越性的集中体现。

中国的现代化为世界现代化道路提供中国方案。资本主义社会的发展演化过程，可以说是人类探索走向现代化的历程。长期以来，在"西方历史中心论"的误导下，西式现代化被全世界认为是现代化道路发展的唯一选择与人类文明发展形态的模范代表。然而，现代化是世界性与民族性的统一，现代化发展具有普遍规律和特殊道路。中国式现代化道路的成功开辟，力图克服资本逻辑的宰制，从根本上打破了西方现代化模式的唯一性，展现了人类文明的多样性，指向了人的现代化逻辑，扩宽了现代化发展的路径。第二次世界大战结束后，不少发展中国家被迫走上西方现代化道路，这不仅给它们带来社会畸形与动荡分裂，而且使它们失去了民族国家的独立性，离真正的现代化越来越远。从人类文明来看，现代化在于对现代性的诠释，而不同文明对现代性给出的方案不尽相同，对现代化道路的选择也并非整齐划一，这也正是文明多样性的体现。文明交流互鉴是人

类社会发展的必然趋势。各个国家必须在全球化的大势中把握现代性的多元化，并且利用文明对话实现现代性的多元审视，共同谱写现代化的多元蓝图，这就要求各个民族、国家具备开放包容的胸怀，把握好现代化发展的世界性与民族性。现代化不等于西方化，中国式现代化所取得的巨大成就，正是向全世界证明：西方文明只是历史上一个特定阶段，绝不是永恒的、唯一的形式。中国式现代化，是在汲取新民主主义革命、社会主义革命与社会主义建设历程"走自己的路"的经验教训的基础上，强化中国意识，深化中国特色，逐渐摆脱了西方的政治制度、治理理念与价值体系的干扰，打破了现代化即西方化的神话，走出了一条与西方霸权和扩张逻辑完全不同的和平发展的现代化道路。这既是符合历史规律书写的现代化历史的崭新一页，也"拓展了发展中国家走向现代化的途径，给世界上那些既希望加快发展又希望保持自身独立性的国家和民族提供了全新选择"[1]。

中国的现代化为科学社会主义的创新发展做出中国贡献。中国特色社会主义是根植于中国大地、符合中国人民意愿、适应时代要求的科学社会主义，中国式现代化道路的发展使世界上形成了一种社会主义国家进行现代化建设的新的方式，为现代化的发展注入了一种更加先进的力量。在世界社会主义五百年的发展历程中，社会主义从空想到科学，从理论到现实，从一国到多国，人类对社会主义的探索实践，有过举世瞩目的巨大成就，也有过发展停滞的曲折打击。20世纪末苏联解体、东欧剧变，世界社会主义运动遭受重大挫折，一些唱衰社会主义的"历史终结论"者开始鼓吹资本主义是发达国家的必由之路，僵化集权的社会主义是实现现代化的

---

[1] 习近平谈治国理政：第3卷.北京：外文出版社，2020：8-9.

重大障碍。然而，中国共产党以史为鉴，坚持把马克思主义理论同中国实际相结合，坚定不移地把"走自己的路"当作现代化建设的前提，迎来了从富起来到强起来的历史性飞跃。这正是对"历史终结论"的有力反驳，中国式现代化以自身的优越性与超越性，彰显了科学社会主义的真理性，使社会主义有了新的发展面貌，在世界社会主义史上具有里程碑的意义。

中国的现代化为全球发展贡献中国力量。面对世界经济、国际安全、国际治理、生态问题等全球性重大挑战，中国式现代化为世界提供了人类命运共同体这一新的方案、新的选择。中国式现代化是和平发展道路的现代化，打破了"国强必霸"的发展定式，坚持平等尊重、互利共赢是中国和平发展现代化的鲜明特征。习近平强调："中国坚定不移走和平发展道路，既通过维护世界和平发展自己，又通过自身发展维护世界和平。"[①] 世界经济全球化、政治多极化的大潮不可逆转，中国日益走近世界舞台中央，在国际上的地位大幅度提高。作为一个负责任的大国，中国致力于维护国际社会和平稳定发展，以五千年中华文化中蕴含的天下为公、和合共生思想，让人类命运共同体在国际社会上更具有感召力与影响力。在经济全球化的浪潮下，中国成为世界经济的重要引擎，建设现代化经济体系，推动经济高质量发展；在政治多极化加速演变的态势下，中国坚持走中国特色社会主义道路，以服务全人类为宗旨，不以小集团政治谋求世界霸权。中国推动国际社会以多边主义反对单边主义，坚决维护联合国宪章宗旨与原则，倡导国际上的事大家商量着办，推动国际秩序与治理体系向更加公平合理的方向发展。

---

① 习近平谈治国理政：第1卷.2版.北京：外文出版社，2018：265.

"中国式现代化，是中国共产党领导的社会主义现代化，既有各国现代化的共同特征，更有基于自己国情的中国特色。"[①] 中国的现代化过程既尊重现代化的普遍规律，又符合中国特殊道路的现实，是普遍性与特殊性统一的辩证过程。现代化道路没有固定模式，每个国家都有权利自主探索符合国情的道路并得到尊重。中国共产党以开放的心态同各个国家分享现代化经验，共同丰富走向现代化的路径，让更多的国家搭上中国发展的顺风车，享受共同发展的切实利益。中国以自身的现代性建立中国式发展文明秩序，为世界和平做出应有贡献，为不同国家实现和平发展的现代化提供成功范式。

第三节

在现代化进程中构建人类命运共同体

今天，"世界之变、时代之变、历史之变正以前所未有的方式展开"[②]，人类社会再次处在何去何从的历史当口。历史的岔路口让人类不得不选择是敌视对立还是相互尊重，是封闭脱钩还是开放合作，是零和博弈还是互

---

① 习近平. 高举中国特色社会主义伟大旗帜 为全面建设社会主义现代化国家而团结奋斗：在中国共产党第二十次全国代表大会上的报告. 人民日报，2022－10－26（1）.
② 习近平. 高举中国特色社会主义伟大旗帜 为全面建设社会主义现代化国家而团结奋斗：在中国共产党第二十次全国代表大会上的报告. 人民日报，2022－10－26（1）.

助共赢。我们的选择关乎时代发展与人类命运。人类命运共同体是世界百年未有之大变局下的中国方案，是基于全人类共同价值的必然选择。

一、世界百年未有之大变局下的中国方案

2017年10月，在中国共产党第十九次全国代表大会上，习近平总书记首次指出，"世界正处于大发展大变革大调整时期"[①]。2018年6月，在中央外事工作会议上，习近平总书记进一步指出，"当前，我国处于近代以来最好的发展时期，世界处于百年未有之大变局"[②]。2022年10月，在中国共产党第二十次全国代表大会上，习近平总书记进一步强调："世界百年未有之大变局加速演进，新一轮科技革命和产业变革深入发展，国际力量对比深刻调整，我国发展面临新的战略机遇。同时，世纪疫情影响深远，逆全球化思潮抬头，单边主义、保护主义明显上升，世界经济复苏乏力，局部冲突和动荡频发，全球性问题加剧，世界进入新的动荡变革期。"[③] 我们生活在一个正在发生深刻变革的时代，当代中国与世界的关系正在发生新的历史性变化。

百年未有之大变局可以从时间和空间两个维度理解。从时间上看，百年并不是一个确切数字，而是泛指。从中国自身发展的角度可以将其理解为近代以来中国从站起来、富起来到强起来的伟大飞跃；从中国与世界关系的角度可以将其理解为百年来中国与世界的关系越来越紧密，中国早已

[①] 习近平．决胜全面建成小康社会 夺取新时代中国特色社会主义伟大胜利：在中国共产党第十九次全国代表大会上的报告．北京：人民出版社，2017：58．
[②] 习近平．论坚持推动构建人类命运共同体．北京：中央文献出版社，2018：526．
[③] 习近平．高举中国特色社会主义伟大旗帜 为全面建设社会主义现代化国家而团结奋斗：在中国共产党第二十次全国代表大会上的报告．人民日报，2022－10－26（1）．

不是百年前任人欺凌、饱受欺辱的国家，而是越来越走近世界舞台的中央，成为维护世界公平正义的负责任大国。从空间上看，大变局的"大"指的是世界范围的大。当前世界格局加速变化，随着产业革命与经济全球化的发展，一些新兴国家与发展中国家逐步崛起，国际力量对比发生强烈变化，早已不是以西方国家为中心的世界格局，"东升西降""南升北降"形势明显。总体上看，百年未有之大变局从本质上讲是国际力量对比变化：第一是指中国国内形势、世界国际环境正在面临着前所未有的变化，这个变化无经验可遵循，只能靠各个国家艰辛探索。第二是指这个变化程度之大、广度之大、影响之大不容国际社会忽视。第三是指这个变化是中国与世界的变化，任何国家都不可能避免，在机遇与挑战面前各国平等。

经济全球化的深入发展有利于资源的全球配置及国际交流与合作，许多新兴发展中国家抓住此机遇发挥后发优势迅速崛起，国际经济中心已经发生了改变，世界经济的重心开始出现从西向东、从北向南、从大西洋向太平洋转移的趋势，世界经济格局已经发生变革。然而目前南北发展差距大，全球发展不平衡的矛盾日益突出，世界发展不稳定因素太多导致无法规避的风险，以美国为首的发达资本主义国家甚至想主导经济秩序。伴随着英国"脱欧"等一系列"黑天鹅"事件，贸易保护主义抬头，反全球化、逆全球化趋势让世界经济处于低迷状态。面对世界经济复苏乏力的现状，中国作为负责任的大国致力于推动世界共同发展，以合作共赢为目的开辟经济全球化新路径。中国创造性提出的"一带一路"倡议，是中国作为世界经济和区域经济领跑者的中国答案。这个秉持着共建共商共享原则的新型合作模式是在人类命运共同体理念基础上对于国家间合作发展模式的新探索，将共识化为行动，符合各个国家的利益，契合各个国家共谋合作的愿望。中国积极维护参加多边、双边区域合作，以实现更高水平的互利共赢，为世界经济复苏增长注入强大动能，成为国际合作的有力支撑。

随着冷战结束、两极格局瓦解与新兴国家力量壮大，世界不再是两大阵营。新世纪以来，国际政治格局呈多极化加速发展，国际关系也向民主化方向发展。然而，发达国家试图继续维护符合自身利益的世界秩序。在国际主体越来越多元的形势下，各个国家都要维护自身的利益，由一个国家主宰世界事务早已不符合世界发展实际。但是，霸权主义强权政治依然存在，新干涉主义大行其道，恐怖主义危害加剧，传统安全与非传统安全交织，世界和平赤字问题不容忽视。作为世界上最大的发展中国家，不管国际风云如何变幻，中国都坚持走和平发展的道路，用多极反对单极，用合作反对博弈，坚持合作共赢。不管国际格局如何变化，中国都始终坚持平等民主，兼容并蓄，尊重文明多样性，尊重各国自主选择社会制度和发展道路的权利，不管国家大小、国力强弱，都平等尊重国际社会成员在国际事务上的话语权，推动国际秩序朝着更加公正合理的方向发展。

文化日益交融交锋也为世界发展提供机遇与挑战。随着经济全球化、社会信息化的发展，现代网络信息技术的飞速发展与推广运用，使世界各地不同群体之间的交流逐渐增多。世界文化交流交融改变了人们的生活方式和思维方式。当前国际社会"文化霸权主义"肆意横行，"文明优越论"甚嚣尘上，各种形式的极端种族主义、宗教激进主义仍在蔓延，多元化社会思潮暗流涌动。在交融的过程中各个国家的文化会有学习、借鉴、融合、创新，也会有排斥、冲突、矛盾、对抗。一些国家鼓吹"西方中心论"，宣扬其所谓的"普世价值"以达到文化霸权输出价值观的目的。然而，各个国家的文明是平等的，一切傲慢与偏见都不会得到世界文明的支持。中国坚决抵制西方资本主义国家以经济政治舆论的优势在全世界推行资本主义的政治制度与意识形态，致力于维护世界文明的多样性，促进文化交流互鉴。

生态环境问题是人类面临的共同挑战。人类进入工业文明以来，为了逐利对自然无限索取与肆意破坏，最终导致全球生态环境的严重失衡与恶化，已经成为人类不可逆的损失与必须携手面对的共同课题。近年来，生物多样性丧失、荒漠化加剧、极端气候事件频发，给人们带来前所未有的挑战。虽然人们越来越认识到生态环境破坏问题的严重性与生态保护的重要性，但是解决生态环境问题却受着利益、制度、技术、观念等桎梏。对此，中国坚持以马克思主义为指导，贯彻新发展理念，坚持走人与自然和谐共生的发展道路，着力推进绿色发展与系统治理，坚定践行多边主义，努力推动构建人与自然生命共同体，与世界各国同舟共济，守望相助。

面对全球经济、政治、文化、社会、生态等问题，如何在百年未有之大变局中走出通往世界和平发展、文明交流互鉴之路，是世界全体人民的共同课题。中国提出了人类命运共同体理念的中国方案，即"建设持久和平、普遍安全、共同繁荣、开放包容、清洁美丽的世界"，坚持共同发展、共商发展、共建发展、共享发展，在建设好本国的同时承担自己的国际责任，这有助于在全世界凝聚广泛的价值共识，携手互助，提高世界各国携手应对全球危机的能力和水平，是增进人类共同福祉、实现各国共同发展、促进世界繁荣进步的必然选择。

二、基于全人类共同价值的必然选择

人类命运共同体何以在国际社会赢得越来越多的认可？人类命运共同

体反映了人类社会共同的价值追求，是世界人民向往和平发展的最大公约数的完美体现。它绝不是一个乌托邦式的口号，而是中国共产党人顺应和平与发展的时代主题，基于世界大发展大变革的形势，对复杂的国际形势与不平衡的国家发展做出的新的判断，是基于全人类共同价值的新的智慧，是捍卫中华民族利益与全人类利益的新的遵循，与资本主义国家为了把西方的自由民主制度普世化，而将其政治价值观与制度设计泛化为普世模式所倡导的所谓"普世价值"有根本区别。

2021年9月，习近平在第七十六届联合国大会一般性辩论上提出全球发展倡议。全球发展倡议的核心要义为"六个坚持"，即坚持发展优先、坚持以人民为中心、坚持普惠包容、坚持创新驱动、坚持人与自然和谐共生、坚持行动导向。全球发展倡议明确回答了"全球实现什么样的发展、怎样实现发展"的重大理论和现实问题。2022年4月，习近平在参加博鳌亚洲论坛年会时首次提出全球安全倡议。全球安全倡议倡导"六个坚持"，即：坚持共同、综合、合作、可持续的安全观；坚持尊重各国主权、领土完整；坚持遵守联合国宪章宗旨和原则；坚持重视各国合理安全关切；坚持通过对话协商以和平方式解决国家间的分歧和争端；坚持统筹维护传统领域和非传统领域安全。全球安全倡议明确回答了"世界需要坚持什么样的安全理念、各国怎样实现共同安全"的时代之问，为弥补人类和平赤字贡献了中国智慧，为应对国际和地区安全挑战提供了中国方案。

2023年3月，习近平在中国共产党与世界政党高层对话会上面向全世界郑重提出了全球文明倡议。全球文明倡议倡导尊重世界文明多样性，以文明交流超越文明隔阂，以文明互鉴超越文明冲突，以文明包容超越文明优越；全球文明倡议倡导弘扬全人类共同价值，以宽广胸怀理解不同文明对价值内涵的认识，不搞意识形态对抗；全球文明倡议倡导重视文明传承和创新，推动各国优秀传统文化在现代化进程中实现创造性转化、创新性发展；全球文明倡议倡导加强国际人文交流合作，构建全球文明对话合作网络，共同推动人类文明发展进步。至此，全球发展倡议、全球安全倡议、全球文明倡议形成有机整体。"三大全球倡议"紧扣人类社会发展的三大主题，从发展、安全、文明三个维度为人类社会进步指明前进方向，与人类命运共同体的建设紧密联系，共同构成了人类命运共同体的坚实支撑。"三大全球倡议"与人类命运共同体理念贯穿了马克思主义的立场观点方法，生动体现了马克思主义的鲜明理论品格。二者以世界各国人民的美好生活向往为立足点，既关注人类整体利益，着眼于增进全人类共同福祉，又聚焦于具体的"人"，致力于人的全面发展。

人类作为一个整体共同生存于地球家园中，尽管各个国家在政治制度、发展程度、文化理念上存在差异，但是在全球性问题上任何国家都是平等的，都无法在全球挑战面前独善其身，只有和衷共济、和合共生才能行稳致远。"全人类的共同价值"是 2015 年 9 月 28 日习近平在第 70 届联合国大会一般性辩论上首次提出的，"和平、发展、公平、正义、民主、自由"的价值共识正是在全球化多元价值碰撞的客观现实上，以减少价值观分歧所带来的冲突为目的达成的价值统一。价值在哲学意义上是客体对主体需要满足的关系范畴，也就是说，价值的存在必定与选择有关。当今社会，人们在纷繁复杂多元化的文化中选择和取舍，根据自身的主体尺度对文化观念进行价值评判。由于自身的尺度具有主观随意性，因而价值也具有多样性。共同价值是全人类价值共识的最大公约数，能够反映全人类的总体利益，兼顾各个国家和个人的利益，是对人类价值需要本质性和规律性的探索。当然，全人类共同价值并不是对单一价值的否定或替代，而是在不同主体的价值感知、交流互动中嵌入世界历史的语境进而解决冲突与矛盾的最优解。

全人类共同价值思想体现了中国共产党人在中国式现代化建设进程中文化选择的辩证法，是对西方所谓"普世价值"的内生性回应，是打破文化异质化对立逻辑的真正普遍逻辑。从理论依据来看，第一，马克思主义世界历史与普遍交往理论是共同价值形成的理论前提。近代以来，随着资本主义世界市场在全球确立秩序，国家与国家之间的交往冲破了民族性的地域限制，生产力的发展与人类交往的深入，促使历史成为世界历史，世界各个国家已经形成"你中有我，我中有你"的彼此依存的命运共同体，世界人民需要一种以全人类共同需要与普遍利益为出发点的共同价值。第二，中华优秀传统文化为全人类共同价值提供理论来源。中华文明博大精深、源远流长，其中蕴含的"协和万邦"的政治观、"和衷共济"的安全观、"义利相兼"的经济观、"和而不同"的文化观、"天人合一"的生态观，是全人类共同价值重要的中国传统文化底蕴。从内在目标来看，全人类共同价值旨在减少各主权国家间的文化冲突，降低文化排他性，提高文化认同性，以全人类共同价值为基础建设促进世界和平、发展、合作的价值观体系，促进共建共商共享发展，突破狭隘的利益藩篱，形成利益共同体共识，推动构建人类命运共同体。从基本内涵来看，全人类共同价值是从不同国家、不同民族的共同利益出发，是不同国家、不同民族的人民所普遍认同且共同遵守的价值观念，体现了文化共性与文化个性的辩证统一，与西方所谓"普世价值"有根本区别。"普世价值"以西方利益为主导，片面狭隘地关注西方特殊利益，而全人类共同价值则关注人类普遍利益。全人类共同价值以开放共享包容的真实价值,超越了"普世价值"封闭博弈霸权的虚假价值,以普遍适用的价值共识摒弃偏见,打破文化对立,求同存异,共创人类美好未来。

习近平总书记说:"大时代需要大格局,大格局呼唤大胸怀。"① 如果只从本国利益优先的角度出发,世界各国都是自己的阻碍,时时处处都是博弈与竞争。如果从命运与共的角度看,全人类都有呼唤"和平、发展、公平、正义、民主、自由"的共同价值的强烈愿望,世界处处都是合作机遇,人人都可以守望相助。正如习近平总书记所说的:"当今世界,意识形态领域看不见硝烟的战争无处不在,政治领域没有枪炮的较量一直未停。"② 人类历史上不乏因为在国际上搞"小圈子"将本可以和平发展的世界推向分裂或者对抗的例子,其对世界稳定、持续繁荣的打击让全世界付出了惨重的代价。全人类共同价值是在分歧中寻求意识形态的交集,为不同意识形态的国家谋求发展与共赢提供了新思路、新契机。

三、世界历史进程中现代化与人类命运共同体构建

在全球化背景下,各个国家相互依存,紧密程度越来越高,为现代化国家的建设提供了前所未有的国际空间与更加广泛的动力支持。然而,各国现代化进程并不是一帆风顺的,全球性机遇给各国带来福利的同时,全球性挑战也是各个国家在现代化建设中不可忽视的严峻问题。对于发展中国家而言,贫富差距、环境问题、气候变化、能源危机、技术短缺,以及

---

① 习近平. 加强政党合作 共谋人民幸福:在中国共产党与世界政党领导人峰会上的主旨讲话. 人民日报,2021-07-07(2).
② 中共中央文献研究室. 习近平关于社会主义政治建设论述摘编. 北京:中央文献出版社,2017:18.

粮食、卫生、安全等问题，甚至在国际社会中的话语权问题都是阻碍现代化建设的问题和挑战。虽然发达国家已经取得了较高的现代化水平，但是逆全球化、反全球化浪潮所带来的非法移民、难民潮、贸易保护主义、单边主义等传统安全问题与非传统安全问题交织，不仅给发达国家带来威胁，也威胁着整个人类社会的发展。全球性问题有增无减，涉及各个方面，给全球治理与世界现代化进程带来巨大阻碍。在这种情况下，中国为全球治理以及全球发展所贡献的中国方案——构建人类命运共同体，不仅仅是中国建设现代化强国的内在需求，更是世界现代化建设的有效助力。构建人类命运共同体是中国基于人类文明的统一性，统筹历史、现实与未来的新策略、新蓝图，是马克思主义导向性、包容性、历史性的现实体现。站在全人类命运与共、利益共同的立场上，中国全面谋划世界发展大势，形成了构建以利益相连、价值相通、责任共担、合作共赢为基础的人类命运共同体的五维结构布局。

人类命运共同体理念主张构建利益共同体，实现世界共同繁荣发展。发展是人类社会永恒的主题，各国一起发展才是真发展，可持续发展才是好发展。利益共同体旨在寻求一种能够平衡各方利益、满足各国发展诉求的制度安排。当前，利益共同体依托经济全球化发展，已经形成了金融共同体、技术共同体、贸易共同体的共同利益格局。中国作为共建共商共享发展理念的忠实践行者，主张全世界人民同舟共济，促进贸易自由化与便利化，推动经济全球化向更加开放、包容、普惠、平衡、共赢的方向发展。中国人民张开双臂欢迎全世界人民搭乘中国发展的"快车""便车"。人类命运共同体依托"一带一路"倡议的实施，坚持开放合作、和谐包容、市场运作、互利共赢的原则，为破解传统全球化的难点与困局提供了现实抓手与变革示范。

人类命运共同体理念主张构建秩序共同体，实现世界和平稳定发展。坚持走和平发展道路，是中国根据时代发展潮流和国家根本利益做出的战略抉择，不是权宜之计，更不是外交辞令，而是从历史、现实、未来的客观判断中得出的结论，是思想自信和实践自觉的有机统一。中国坚持推动构建国际秩序与治理体系现代化，呼吁世界各国摒弃冷战思维与强权政治，不搞"一国独霸"或"几方共治"，坚持走出一条"对话而不对抗、结伴而不结盟"的国与国交往新路。充分尊重联合国及其安理会的核心作用，坚持通过对话协商和平解决分歧争端。推进各国经济全方位互联互通和良性互动，建立以相互尊重为基础、以公平正义为原则、以合作共赢为愿景的，普遍认同、约束力强、体现国际主义关怀的新型国际秩序。

人类命运共同体理念主张构建责任共同体，实现世界普遍安全。责任共同体的落脚点首先是要建立起全球性规则。国际规则是全球治理的杠杆，要确保国际法的有效实施以及维护国际公平正义良好氛围。当前和平与发展是不可逆的历史潮流，然而丛林法则依然盛行以致世界局势动荡，甚至一些国家特别是热点地区的人民仍然处在水深火热的战乱之中。传统安全威胁与非传统安全威胁相互交织，扩展领域之大，涉及主体之广，危害程度之深，需要人类社会建立一种新安全观，抛弃传统零和安全观，建立起责任共同体，重塑理念，反对霸权，反对一切形式的恐怖主义，争取世界和平与安宁。

人类命运共同体理念主张构建文明共同体，实现文明互鉴，价值相通。人类社会现代化的标志之一就是人类思想理性化。文明因交流而互鉴，因互鉴而丰富。人类命运共同体促进不同文明、不同发展模式交流对话，在竞争比较中取长补短，在交流互鉴中共同发展，力图以整体思维与全球思维确立思想认同与情感认同，在尊重文明差异多元的前提下，以文明交流超越文明隔阂，以文明互鉴超越文明冲突，以文明共存超越文明优越，促进和而不同、包容并蓄的文化发展，让文明互鉴成为推动人类社会进步的动力、维护世界和平的纽带。

人类命运共同体理念主张构建生态共同体，实现绿色健康可持续发展。人类只有一个地球，全球生态关乎全人类的兴衰与未来。近代以来，在现代化进程的推进中，伴随着人类利用和改造自然的规模和强度日益增大，生态环境问题日趋严重，生态安全问题日益凸显。绿色新政、绿色增长、绿色革命逐步成为时代潮流。人类命运共同体致力于解决好工业文明带来的矛盾，以人与自然和谐相处为目标，实现世界的可持续发展和人的全面发展，打破利益固化、制度藩篱、技术障碍、合作障碍与观念障碍，促进人与自然和谐共生，携手各国共建地球美好家园。

参考文献

[1] 马克思恩格斯文集：第1卷．北京：人民出版社，2009．

[2] 马克思恩格斯文集：第2卷．北京：人民出版社，2009．

[3] 马克思恩格斯文集：第5卷．北京：人民出版社，2009．

[4] 马克思恩格斯文集：第8卷．北京：人民出版社，2009．

[5] 毛泽东选集：第4卷．2版．北京：人民出版社，1991．

[6] 毛泽东文集：第6卷．北京：人民出版社，1999．

[7] 邓小平文选：第2卷．2版．北京：人民出版社，1994．

[8] 邓小平文选：第3卷．北京：人民出版社，1993．

[9] 习近平谈治国理政：第1卷．2版．北京：外文出版社，2018．

[10] 习近平谈治国理政：第2卷．北京：外文出版社，2017．

[11] 习近平谈治国理政：第3卷．北京：外文出版社，2020．

[12] 习近平．决胜全面建成小康社会 夺取新时代中国特色社会主义伟大胜利：在中国共产党第十九次全国代表大会上的报告．北京：人民出版社，2017．

[13] 习近平．论坚持全面深化改革．北京：中央文献出版社，2018．

[14] 习近平．在纪念马克思诞辰200周年大会上的讲话．北京：人民出版社，2018．

[15] 习近平．学习马克思主义基本理论是共产党人的必修课．求是，2019（22）．

[16] 习近平．在纪念五四运动 100 周年大会上的讲话．人民日报，2019－05－01（2）．

[17] 习近平．在经济社会领域专家座谈会上的讲话．北京：人民出版社，2020．

[18] 习近平．在教育文化卫生体育领域专家代表座谈会上的讲话．人民日报，2020－09－23（2）．

[19] 习近平．加强政党合作 共谋人民幸福：在中国共产党与世界政党领导人峰会上的主旨讲话．人民日报，2021－07－07（2）．

[20] 习近平．把握新发展阶段，贯彻新发展理念，构建新发展格局．求是，2021（9）．

[21] 习近平．在庆祝中国共产党成立 100 周年大会上的讲话．北京：人民出版社，2021．

[22] 习近平．在纪念辛亥革命 110 周年大会上的讲话．人民日报，2021－10－10（1）．

[23] 习近平．在全国脱贫攻坚总结表彰大会上的讲话．人民日报，2021－02－26（2）．

[24] 习近平．在庆祝中国共产党成立 100 周年大会上的讲话．人民日报，2021－07－02（2）．

[25] 中共中央文献研究室．三中全会以来重要文献选编．北京：人民出版社，1982．

[26] 中国共产党第十八届中央委员会第三次全体会议文件汇编．北

京：人民出版社，2013.

[27] 中共中央文献研究室．十八大以来重要文献选编：上．北京：中央文献出版社，2014.

[28] 中共中央文献研究室．习近平关于社会主义文化建设论述摘编．北京：中央文献出版社，2017.

[29] 中国共产党第十九次全国代表大会文件汇编．北京：人民出版社，2017.

[30] 中共中央党史和文献研究院．十八大以来重要文献选编：下．北京：中央文献出版社，2018.

[31] 中共中央党史和文献研究院．习近平关于总体国家安全观论述摘编．北京：中央文献出版社，2018.

[32] 中共中央关于坚持和完善中国特色社会主义制度 推进国家治理体系和治理能力现代化若干重大问题的决定．北京：人民出版社，2019.

[33] 中共中央关于制定国民经济和社会发展第十四个五年规划和二〇三五年远景目标的建议．人民日报，2020－11－04（1）.

[34] 中共中央党史和文献研究院．十九大以来重要文献选编：上．北京：中央文献出版社，2019.

[35] 中共中央政治局常务委员会召开会议 听取脱贫攻坚总结评估汇报 中共中央总书记习近平主持会议．人民日报，2020－12－04（1）.

[36] 习近平在安徽考察时强调 坚持改革开放坚持高质量发展 在加快建设美好安徽上取得新的更大进展．人民日报，2020－08－22（1）.

[37] 习近平主持召开中央全面深化改革委员会第十五次会议强调 推动更深层次改革实行更高水平开放 为构建新发展格局提供强大动力 李克

强王沪宁韩正出席．人民日报，2020－09－02（1）．

[38] 习近平在省部级主要领导干部学习贯彻党的十九届五中全会精神专题研讨班开班式上发表重要讲话强调 深入学习坚决贯彻党的十九届五中全会精神 确保全面建设社会主义现代化国家开好局 李克强主持 栗战书汪洋王沪宁赵乐际韩正王岐山出席．人民日报，2021－01－12（1）．

[39] 习近平主持召开中央全面深化改革委员会第十八次会议强调 完整准确全面贯彻新发展理念 发挥改革在构建新发展格局中关键作用 李克强王沪宁韩正出席．人民日报，2021－02－20（1）．

[40] 习近平主持召开中央全面深化改革委员会第二十次会议强调 统筹指导构建新发展格局 推进种业振兴 推动青藏高原生态环境保护和可持续发展 李克强王沪宁韩正出席．人民日报，2021－07－10（1）．

[41] 习近平主持召开中央财经委员会第十次会议强调 在高质量发展中促进共同富裕 统筹做好重大金融风险防范化解工作 李克强汪洋王沪宁韩正出席．人民日报，2021－08－18（1）．

[42] 中共中央宣传部．习近平新时代中国特色社会主义思想学习问答．北京：人民出版社，2021．

[43] 殷陆君．人的现代化．成都：四川人民出版社，1985．

[44] 胡鞍钢．国情报告：第17卷．北京：党建读物出版社，2016．

[45] 刘少波．社会主要矛盾转化与建设现代化经济体系．暨南学报（哲学社会科学版），2017（12）．

[46] 杨义芹．新时代以人民为中心的价值追求．光明日报，2017－12－08（13）．

[47] 陈文旭，易佳乐．习近平"共同价值"思想的哲学解读与现实

路径. 湖南大学学报（社会科学版），2018（5）.

[48] 颜晓峰. 社会主要矛盾变化与全面建设社会主义现代化国家. 思想理论教育，2019（7）.

[49] 戴木才，尚泽伟. 全面建设社会主义现代化与实现人的现代化. 理论视野，2019（12）.

[50] 秦宣. 中国特色社会主义民主的特点和优势. 红旗文稿，2019（21）.

[51] 庞晶，韩喜平. 新时代中国民生建设的理论创新与实践特色. 学习与探索，2020（10）.

[52] 颜晓峰. 新时代中国特色社会主义文化建设的规律性探索. 前线，2020（3）.

[53] 丁立群. 人类命运共同体承载全人类共同价值. 中国社会科学报，2020-10-29（3）.

[54] 桑玉成. 拓展全过程民主的发展空间. 探索与争鸣，2020（12）.

[55] 刘军，李洋. "全过程"的人民民主：中国式民主的制度设计与建设实践. 科学社会主义，2021（1）.

[56] 田鹏颖. 文化强国的内在机理探析. 苏州大学学报（哲学社会科学版），2021（9）.

[57] 李军鹏. 建党百年民生建设的历程、成就与经验. 学习与实践，2021（6）.

[58] 王永贵. 中国特色社会主义民主的生动画卷. 红旗文稿，2021（13）.

[59] 李景治. 共同富裕是中国特色社会主义现代化建设的根本奋斗

目标. 党政研究，2021（1）.

［60］韩致宁. 构建人类命运共同体与建设社会主义现代化强国的互动关系研究. 学习与探索，2021（4）.

［61］冯颜利. 全过程人民民主才是真正的民主. 当代世界，2021（8）.

［62］胡大平. 人的现代化与全面建设社会主义现代化国家. 思想理论教育导刊，2021（2）.

［63］张明. 民族复兴、社会主义发展与中国式现代化新道路：从多维视角理解"七一"重要讲话精神与百年党史. 南京大学学报（哲学·人文科学·社会科学），2021（4）.

［64］杨胜群. 中国式现代化建设的辉煌历程：从小康社会目标提出到全面建成小康社会. 新湘评论，2021（15）.

［65］张雷声. 从现代化走向中国特色社会主义现代化：中国共产党的百年探索. 马克思主义理论学科研究，2021（5）.

后　记

本书是在中国人民大学习近平新时代中国特色社会主义思想研究院和中国人民大学科研处的资助下完成的，历时四个月。在写作过程中学校有关领导和工作人员给予了大力支持，有关专家对书稿提出了宝贵的修改意见，中国人民大学出版社的领导和编辑为本书的编辑和出版付出了辛勤的劳动，在此向他们表示诚挚的谢意！

本书是集体创作的成果。全书由郝立新拟定提纲和写作思路。各章执笔分工如下：

郝立新　导论

崔筱荻　第一章

冯浩铭　第二章

冯显婷　第三章

王瀚祺　第四章第一、二节

薛永龙　第四章第三、四、五节

王一帆　第五章第一、二、六节

武姝含　第五章第三、四、五节

孙岱瑄　第六章

全书由郝立新统稿，王一帆、薛永龙协助统稿。

本书参考和吸收了一些国内外学者的研究成果,在此特向他们表示感谢!由于作者水平有限,书中难免存在错误或疏漏之处,敬请读者谅解。最后,希望本书的面世能够有助于读者进一步了解和思考中国现代化。

郝立新